长安大学经济与管理学院资助出版

U0515165

基于均等化的农村公路
财政资金运行管理机制研究

Research on the operation and management
mechanism of rural highway financial funds based on equalization

李 丽 卢昕玮 著

中国财经出版传媒集团

经济科学出版社
Economic Science Press

图书在版编目（CIP）数据

基于均等化的农村公路财政资金运行管理机制研究／
李丽，卢昕玮著．—北京：经济科学出版社，2022.8
　ISBN 978 - 7 - 5218 - 3979 - 1

　Ⅰ.①基… Ⅱ.①李… ②卢… Ⅲ.①农村道路 - 财
政资金 - 资金管理 - 研究 - 中国 Ⅳ.①F542.6

中国版本图书馆 CIP 数据核字（2022）第 159824 号

责任编辑：杨　洋　卢玥丞
责任校对：蒋子明　王苗苗
责任印制：王世伟

基于均等化的农村公路财政资金运行管理机制研究

李　丽　卢昕玮　著

经济科学出版社出版、发行　新华书店经销

社址：北京市海淀区阜成路甲 28 号　邮编：100142

总编部电话：010 - 88191217　发行部电话：010 - 88191522

网址：www. esp. com. cn

电子邮箱：esp@ esp. com. cn

天猫网店：经济科学出版社旗舰店

网址：http：//jjkxcbs. tmall. com

北京季蜂印刷有限公司印装

710 × 1000　16 开　12.5 印张　200000 字

2022 年 11 月第 1 版　2022 年 11 月第 1 次印刷

ISBN 978 - 7 - 5218 - 3979 - 1　定价：47.00 元

（图书出现印装问题，本社负责调换。电话：010 - 88191510）

（版权所有　侵权必究　打击盗版　举报热线：010 - 88191661

QQ：2242791300　营销中心电话：010 - 88191537

电子邮箱：dbts@ esp. com. cn）

前　言

习近平总书记在 2021 年 8 月 17 日主持召开中央财经委员会第十次会议上发表重要讲话强调，共同富裕是社会主义的本质要求，是中国实现现代化的重要特征，要坚持以人民为中心的发展思想，在高质量发展中促进共同富裕。会议指出，要正确处理效率和公平的关系，构建初次分配、再分配、三次分配协调配套的基础性制度安排，加大税收、社保、转移支付等调节力度并提高精准性。我国的农村公路是路网中的短板，虽然农村"出行难"已成为历史，但仍无法满足乡村振兴、农业农村发展对交通基础设施的迫切需求，资金不足是长期困扰农村公路发展的一个主要因素。农村公路的特殊性，决定政府为农村公路投资主体，政府如何筹集农村公路资金，并对农村公路建养资金进行分配、转移支付等值得深入研究。

2003 年农村公路的大规模修建，往往是行政命令要求通乡、通行政村，目前农村公路通乡通村任务基本完成，以后农村公路修建应更多从周边经济发展角度进行。乡村振兴战略是习近平总书记于 2017 年 10 月 18 日在党的十九大报告中提出的战略，该报告指出，农业、农村和农民问题是关系国计民生的根本性问题，必须始终把解决好"三农"问题作为全党工作的重中之重，实施乡村振兴战略。2017 年 12 月，习近平总书记要求交通运输部等有关部门和各地区要认真贯彻落实党的十九大精神，从实施乡村振兴战略、打赢脱贫攻坚战的高度，深化对建设农村公路重要意义的认识，要把农村公路建好、管好、护好、运营好，为广大农民致富奔小康、为加快推进农业农村现代化、实现乡村振兴战略提供更好保障。

　　本书提出了一套有别于现行的农村公路财政资金运行机制。在资金来源上，提出了建立基于受益税的农村公路专项基金；在资金分配上，提出基于均等化的农村公路财政资金转移方式，并研究了农村公路均等化的衡量。研究的理论意义在于，丰富了基础设施经济理论和政府间财政转移支付理论。研究的实践意义为，研究成果可为农村公路投资的决策部门如财政部、交通部及国家发改委等相关部门的农村公路供给决策等提供政策建议。依据研究成果，将使贫困地区的农村公路得到与富裕地区同样的发展，最终趋向均等化发展。这有利于缩小地区间的差异，提升交通运输基本公共服务均等化水平，有效支撑全面建成小康社会目标的实现。

　　本书的创新点在于通过理论分析与实践的结合，进行了不断深入的研究，研究观点、研究角度及研究内容都具有创新性。具体的创新点体现在以下三个方面：

　　第一，在农村公路资金来源方面构建基于受益税的农村公路专项基金。农村公路资金来源存在的问题主要是来源不足，资金来源不规范。目前，地方政府是农村公路投资主体，但我国是以税种划分收入财政体制，税源充足的税种大都划给了中央，这就造成了地方财政困难。因此在筹措农村公路资金上，地方政府哪里有钱就哪里凑钱。从中央政府拨付的资金来源内容看，主要包括中央预算内、中央国债及车购税，存在资金来源多头，不利于总量控制。为了解决资金来源不统一、不规范问题，本书提出建立基于受益税的农村公路专项基金，并提出了具体的建立思路和方法。根据受益的程度，结合公路建养的需要，设置一定的提取比例，进行统一管理、统一支配使用。

　　第二，农村公路均等化的研究。2012年11月，党的十八大报告再次强调"要围绕构建中国特色社会主义管理体系，加快形成政府主导、覆盖城乡、可持续的基本公共服务体系；要统筹城乡发展，总体实现基本公共服务均等化"。从分配角度看，农村公路作为基础设施具有公益性、公共性，政府对基础设施的投资，其实是一种财富的分配，中国二元社会结构严重，与前一时期交通基础设施城乡、区域配置不均等有着必然的联系。

推进农村公路均等化，是解决城乡二元结构及区域差异的重大举措。因此，经过反复思索，提出以推动农村公路均等化发展为农村公路财政资金转移分配的目标。为此，本书从不同角度，研究了农村公路均等化判定方法。一是提出了基于农用地、农村人口的综合判定指标；二是在综合指标的基础上，提出还需考虑运输需求的满足状况，因此，引进农村公路满意度系数；三是考虑农村公路的建设要与经济发展相适应，提出了基于经济发展状况的农村公路均等化的判定。

第三，基于农村公路均等化的资金分配。在确定以农村公路均等化建设为目标后，开始研究如何以此为目标进行资金的分配。各地区政府财政能力的差异是导致不同地区公共服务水平均等化实现程度差异的主要原因。另外，地方农村公路的存量差异，也影响着均等化的发展，因此，提出以地区财政能力、地方农村公路的存量差异为主要因素，通过建立分配公式对资金进行均等化分配；在前期研究的基础上，笔者对影响均等化的变量又进行了深入的研究，将影响因素划分为三个准则层指标和 14 个指标层指标，研究建立了基于均等化的农村公路财政资金转移支付的 IAHP 模型。

不同层次的研究可以用于不同政府层次的分配，如公式化分配简单明了，考虑的因素少，可用于县级以下的农村公路资金分配；IAHP 模型考虑的影响因素多，资料收集较困难，但更合理，适合于中央与省级间的财政转移支付分配。

本书内容为国家社科基金西部项目（项目编号：11XJY027）的主要研究成果，本书由李丽和卢昕玮共同完成，李丽为长安大学经济与管理学院研究人员，卢昕玮为长安大学经济与管理学院原研究人员，现为长安大学运输工程学院研究人员。李丽教授完成了全书 70% 书稿，卢昕玮完成了 30% 书稿，本书著作权无任何争议。

本书得到长安大学经济与管理学院资助出版，在此表示衷心的感谢！

本书针对现行农村公路财政资金运行机制存在难以通过局部修正或改进予以弥补的缺陷，从农村公路资金来源、资金分配及资金监管等方面探索研究一套有别于现行农村公路财政资金运行的管理机制。受知识的积累和作者水平的限制，作为探索性创新研究，文中不足在所难免，诚恳希望得到专家学者们的指教。

李 丽

2022 年 5 月

Contents

目录 >>>

第1章

绪　论

1.1　研究背景

近些年来，党中央高度重视"三农"问题，自 2004 年起，《中共中央 国务院关于促进农民增加收入若干政策的意见》（以下简称"2004 年中央一号文件"）连续 19 年聚焦"三农"。加快农村公路建设是未来相当长一段时期内我国有效解决"三农"问题的基本策略选择。"要想富，先修路"，公路基础设施促进社会经济发展的重要作用早已被人们所认可。自 2003 年以来，农村公路得到迅速发展，截至 2020 年底，农村公路里程达到 438.23 万公里①。但也应看到，农村公路建设项目不但投资巨大，而且占用大量的土地，在农村公路建设面临良好发展机遇的背后，必须进行冷静思考，在土地、资金等条件的约束下，如何合理安排农村公路建设资金，如何有效监督管理。本书选取"基于均等化的农村公路财政资金运行机制"进行研究，主要是基于以下考虑。

---

① 《2020 年交通运输行业发展统计公报》。

1.1.1　国家对公路投资政策的调整

2011 年 4 月 24 日国务院办公厅转发的国家发展改革委、财政部、交通运输部《关于进一步完善投融资政策促进普通公路持续健康发展的若干意见》（以下简称《意见》）中提出进一步完善普通公路投融资体制，促进普通公路持续健康发展。《意见》中界定的普通公路是指除高速公路以外的、为公众出行提供基础性普遍服务的非收费公路，由普通国省干线公路和农村公路组成，构成了我国公路网的主体，是我国覆盖范围最广、服务人口最多、提供服务最普遍、公益性最强的交通基础设施，是保障经济社会发展和人民生产生活的重要基础条件。

按照《意见》的总体要求，建立以公共财政为基础、各级政府责任清晰、财力和事权相匹配的投融资长效机制，实现普通公路的持续健康发展。农村公路是普通公路的主体，农村公路财政资金来源、使用及监督等都很不规范，正是基于这种情况，研究农村公路财政资金的运行管理机制。

1.1.2　农村公路建设资金投资主体为政府，且投资量大

农村公路的基础性、公共性，决定农村公路投资主体为政府。近些年，政府投资农村公路资金占到公路总投资的 80% 左右[①]。"十一五"期间，中央对农村公路建设投入资金达 1978 亿元，年均递增 30%[②]。中央投资极大地推动了地方对农村公路建设的投入，五年间全社会共计完成投资 9500 亿元，农村公路总里程达到 345 万公里[③]。"十二五"全国农村公路发展目标是到 2015 年农村公路总里程达到 390 万公里，国家继续加大资金支持力度[④]。截至 2020 年底，农村公路里程 438.23 万公里[⑤]，依

---

① 资料来源：笔者根据交通运输部：《2009 – 2013 年全国交通运输统计资料汇编》计算所得。

②③④ 交通运输部：我国吹响新一轮农村公路建设号角 [EB/OL]. 中华人民共和国中央人民政府网，2011 – 02 – 10.

⑤ 交通运输部：我国吹响新一轮农村公路建设号角 [EB/OL]. 新华社，2011.

据《公路"十四五"发展规划》,"十四五"期间继续推进普通省道和农村公路建设。加快普通省道瓶颈路段贯通升级,推动乡镇对外公路实施三级及以上公路建设改造,有条件的地区推动乡镇对外双通道建设,实现乡镇与县城、临近国省干线之间便捷连通与快速集散。如此大规模的政府投资,主要通过政府转移支付进行,需要一套科学规范的农村公路转移支付制度,规范农村公路的建设,避免或减少资金、土地的浪费,使农村公路得到可持续发展。

1.1.3 国家对农村公路建设投资将全部实行财政转移支付的方式

交通运输部 2011 年 2 月 10 日召开了全国农村公路工作电视电话会议,李盛霖副部长指出:"2011 年起,国家对农村公路建设投资全部实行财政转移支付的方式。这一块资金必须专项用于农村公路建设,绝不允许挪作他用。交通运输部将制定相关管理办法和考核指标,确保建设目标的完成和资金的使用安全。"[①] 从该讲话中可以看出,建立科学规范的农村公路转移支付势在必行。目前,理论界缺乏系统研究农村公路建设资金转移支付,理论是实践的指导,本书将结合财政学、交通运输经济学,从深层次上分析目前农村公路资金运行存在的问题,系统研究农村公路财政资金的运行管理。

1.1.4 农村公路发展阶段的变化,而导致农村公路决策依据相应发生变化

交通运输部 2011 年 2 月 10 日召开的全国农村公路工作电视电话会议吹响了我国新一轮农村公路建设的号角。自 2003 年开始的大规模农村

---

① 交通运输部:我国吹响新一轮农村公路建设号角 [EB/OL]. 新华社, 2011.

公路建设基本任务是通乡通行政村，决策依据主要是政府命令，上级（中央、省及市级）政府转移支付的依据主要是"凡建即补"，这样一种投资政策虽能体现"谁投资、谁受益"的原则，但有违公平原则。截至2010年，全国通公路的乡（镇）占全国乡（镇）总数的99.97%，通公路的建制村占全国建制村总数的99.21%[1]，第一阶段的通乡通村农村公路建设基本完成，"前一个时期，农村公路建设重点是围绕解决农民基本出行的问题，农村公路发展要由过去以建设为主向'巩固、提高、完善'方向转变；由提供基本出行条件向保障安全便捷出行、提升整体服务能力转变；由'树状'路网向'网络型'路网转变。"[2] 新一阶段的农村公路建设不能仅依据行政命令，农村公路建设不应是简单的公平，还要考虑效率和均等化。

随着经济的不断发展和人民生活水平的不断提高，广大农村迫切需要发展，农村公路的建设是农村引进技术、农业"走出去"、农民富起来的前提。一切条件都在不断变化，原有的农村公路建设资金的筹措、分配、使用、监管等方式也需要随之调整和改进，才能保证最大限度地利用有限资金建设更多更好的农村公路，更好地为农业、农村、农民的发展服务。

1.2 国内外研究现状

国外关于农村公路财政资金运行机制的研究比较全面深入，包括公路需求、供给及农村公路专项财政资金的转移支付等研究。著名发展经济学家罗森斯坦·罗丹（1943）提出"社会先行资本"；世界著名道路经济学家海根和维克尔（1998）提出建设道路基金进行融资。吉尔·霍夫（Jill Hough）、艾曼·斯马迪（Ayman Smadi）、约翰·比赞（John Bitzan，1997）研究了政府财政资金的来源，具体包括征收销售税、特别所有权

---

① 2020年公路水路交通运输行业发展统计公报。
② 冯正霖部长在交通运输部2011年2月10日召开全国农村公路工作电视电话会议上的讲话。

税、车辆税、农村改善特别资金、电话税、交通规费等；布朗、丹尼斯（Brown, Dennis M., 1998）考察了美国的财政运输政策与农业运输需求的关系，指出改变美国国会 1991 年通过的（《陆上综合运输效率法》ISTEA）公路资金供给模式对农村公路的影响决策；冈特·齐特洛（Gunter Zietlow, 2005）对拉丁美洲的政府公路资金运作进行了研究，强调运作的规范性和立法。国外研究农村公路资金情况大体是按照政府投资—政府资金的来源—资金的运作模式进行的。目前国外发达国家基本上建立了规范的公路资金运行管理，对农村公路的研究内容转向农村公路安全、对环境的保护等方面的研究。

2003 年我国启动了新中国成立以来规模最大的农村公路建设工程。对农村公路的研究主要集中在农村公路融资方面的研究，关于农村公路财政资金运行方面的研究，主要集中在农村公路财政资金存在的问题等方面的研究。刘光俊等（2009）提出通过完善财政管理体制，制定税收优惠政策，规范财政转移支付制度，加强财政监督，保证农村公路供给。

本书研究的主要内容可分解为农村公路财政资金来源、资金分配及监管等部分，因此本书将对上述几部分分别进行梳理，并结合国内外学者的相关研究。

1.2.1　有关农村公路财政资金来源的相关研究

在农村公路资金来源研究部分，本书提出基于受益税角度研究农村公路专项基金的建立，相关研究从三个方面层层递进展开：一是国内外关于农村公路资金来源的研究；二是国内外关于建立农村公路专项基金的研究；三是国内外关于建立以受益税为基础的农村公路专项基金的研究。

1. 关于农村公路资金来源的研究

（1）国外研究。

早期国外学者对于农村公路资金来源问题的研究，主要是从农村公路作为公共产品由谁来供给的角度分析，认为应该由政府作为农村公路等公共产品的投资主体。

美国经济学家罗森斯坦·罗丹认为，在国民经济发展初期，农村公路等公共设施处于不健全状态，而农村公路等公共设施对于人们的日常生活起着不可或缺的作用。公共设施的不健全，将严重制约着国民经济的发展。而这一重担就落在政府身上，政府必须集中力量一次性投入大量资金用于农村公路等公共基础设施建设。

吉尔·霍夫（Jill Hough）、艾曼·斯马迪（Ayman Smadi）、约翰·比赞（John Bitzan，1997）从增加收益、减小成本角度为政府提供了创新的融资方式，具体包括征收销售税、特别所有权税、车辆税、农村改善特别资金、电话税、交通规费等，同时还指出政府要加强服务和管理。

世界著名的道路经济学家海根（Ian G. Heggie）和维克尔（Piers Vickers）在《道路的商业化管理及融资》（1998）中明确界定了道路融资的观念，提出了由政府建设道路基金是最好的方式，并对如何运用这种方式提出了详细的设计。

豪勒（J·Haule，2005）结合坦桑尼亚的实际经济发展状况，对公路部门改革进行分析，认为通过国会立法建立的公路基金和公路管理局有效促进了公路（包括农村公路）的建设和发展。

在实践中，国外农村公路的建设投资主体是地方政府，建设资金由中央政府和地方政府按照公路等级予以分担。国外非常重视对农村公路的投资建设，其筹资方式表现出以下两个特点：第一，以政府公共财政为主体，社会、市场和私人资金为辅助的投资方式；第二，各种税收的共同使用。国外农村公路投资建设的资金一般来源于税收收入和政府的财政拨款，而绝大多数国家的公路筹资体制是将国家的普通税收与公路使用税共同使用。总体来说，大多数工业化较发达国家，都已实现了以公路运输的大流量、高速度、低成本、安全舒适为基本目的的公路现代化。这些国家的公路建设和养护管理资金，除国家投资外，主要来自汽油税、轮胎税、汽车牌照税和通过税。

（2）国内研究。

刘勇、张庆（2007）在《我国农村公路建设投资主体辨析》中指出，农村公路的公共产品性质决定了政府公共财政支出成为农村公路建设资金最重要甚至是唯一的资金来源。提出我国县乡政府的财政普遍困难性决定了中央或省级政府应成为农村公路建设的投资主体。

刘伟成（2005）提出，从国家政策性融资和市场化运作方面进行探索。缪之湘、钟锋雨（2006）提出，建立以政府主体、民间组织、企业和国际机构共同参与的筹资机制，并分析了利用政府债券、慈善基金、福利彩票及国际扶贫开发项目等在农村公路建设中的作用。

崔立波（2007）在《关于加强农村基础设施建设的几点思考》中指出：农村基础设施建设的关键在于政府要加大资金投入和政策倾斜力度，加大政府投资向农村基础设施的倾斜力度，将农村公路这一公共物品的供给纳入国家财政预算。刘慧、刘光俊（2008）在《公共财政框架下农村公路建设资金来源探讨》中提出纯公共物品只能由政府来提供而不能由市场来提供。

程兴新、王选仓、詹珽（2009）在《农村公路投融资现状及对策探讨》中提出了发行农村公路建设债券、建立农村公路专项资金、国家优惠政策和市场化运作等方法以拓宽农村公路融资渠道。

2. 关于建立农村公路专项基金的研究

（1）国外研究。

为解决公路建设和养护的筹资难问题，世界各国纷纷设立了公路基金。按照基金的筹资形式、管理方式和运作程序，公路基金一般划分成两代：第一代基金和第二代基金。第一代公路基金与预算内资金没有明确的区分，基金的资金来源主要是税收收入，并且专门用于公路建设和养护，南非、新西兰、日本和美国先后设立了第一代公路基金，并取得了一定进展，促进了农村公路的建设和发展。

由于第一代公路基金对道路的使用者征收税费的力度不够，在支出安排上与一般预算容易相互挤占，以及管理上存在疏漏等问题，第二代公路基金逐步代替了第一代公路基金。在吸取第一代公路基金经验教训的基础上，从资金来源、运用和管理等角度进行了改进。表现为：其一，监管体制严格。其二，收入来自公路使用税费，坚持用路者付费原则，并建立调节机制。如果要增加公路基金，第一代公路基金的处理方式是挤占预算内其他资金，第二代基金的处理方式是增加公路使用者付费。其三，支出优先顺序明确。其四，日常管理效率高。其五，建立了公平透明的分配机制。其六，有坚实的法律基础。

公路基金一般来源于征收的公路使用税（费），使用公路和使用水、电一样，要享受优质服务，就得多交钱。从各国情况来看，燃油税大约占公路基金总额的80%~90%[①]，车辆超载费、国家之间的交通税、轮渡费（过渡、过桥费）等为公路基金的补充收入。在许多国家，燃油税不仅是公路基金的重要收入来源，还是政府筹集一般预算收入的重要税种。一般的做法是，在对燃油税进行定额征收的基础上，分别确定用于公路基金和一般预算收入的比重。如新西兰每公升汽油税的税额为16.04美分，其中用于公路基金的为7.12美分，其余的8.92美分用于一般预算收入[②]。

筹集公路基金主要通过征收公路使用者税和国家投资两种方法。征收公路使用者税这种方法为美国、日本和西欧一些国家所采用。美国征收公路使用者税包括汽油税、车用润滑油税、轮胎税、零配件税、汽车购置税、汽车占有税、牌照税、汽车营业税、重型汽车特别税等，其中汽油税的比重最大，约为全部税收的50%。美国的公路使用者税基本上全部用作公路资金。由于汽车保有量大、收税多，美国是世界上公路资金最多的国家，1980年公路费用达390多亿美元（占国民生产总值的1.5%），其中公路建设费用占51%，养护费用占28%，科研与管理费用21%[③]。美国公路资金采取分级管理的办法，联邦政府和州政府都有公路基金。此外，美国还有一小部分收费公路，由私人集资修建，建成后向过路汽车收取通行费。

日本和西欧一些国家同样采取征收公路使用者税的方法筹措公路资金。法国和日本只将征收公路使用者税用于普通公路的修建和养护。而高速公路则完全由私人集团贷款修建，建成投入使用后，再采取收取通行费的办法偿还本利。

---

①②③　公路基金设立及运作的国际经验［J］. 经济研究参考，1999（11）：24－28.

（2）国内研究。

赵静（2008）在其硕士论文《吉林省农村公路建设投资政策研究》中提出要建立健全以公路用户税费为主的农村公路投资体系。在农村公路大规模发展的前提下有必要开征农村公路发展专项税，以轮胎税、公路沿线增值税和车船使用税等作为农村公路发展专项税，专门用于农村公路的建设和养护。

程兴新等（2009）在《农村公路投融资现状及对策探讨》中指出：国外通过征收公路用户税作为农村公路的主要筹资手段，我国可以借鉴国外经验，通过税收的形式来保证农村公路专项基金，从成品油消费税、车辆购置税、超载等罚没收入中按一定的比例提留一部分作为农村公路建设专项基金。成品油消费税的征收与该地区的车辆保有量成正比例关系，车辆购置税与地区经济发展水平和收入水平相关。因此，可以研究制定国省干线公路和农村公路的切块分配比例，以保证我国农村公路建设资金的尽快落实。在分配比例的确定上，可以适当向农村公路倾斜。

3. 关于建立以受益税为基础的农村公路专项基金的研究

（1）国外研究。

美国等发达国家对于农村公路的筹资主要采取建立公路建设专项基金的方式，并且颁布本国的公路投资基金法。发展中国家一般设有农村公路专项基金账户，两者虽然名称上有区别，但是性质一般是农村公路专项基金性质，即专款专用。专项基金的资金来源则是燃油税、过路费等。普通税收与公路用户税及过路费的征收使得农村公路专项基金有了可靠的资金来源，其中燃油税占比相当大。虽然国外的研究中没有明确提出受益税的概念，但是普通税和公路用户税种包含燃油税等在内的受益税，在实践中已经充分利用受益税作为农村公路专项基金的资金来源。

（2）国内研究。

凌岚（1994）在《受益性税收理论与专税专用的收支实践》中指出受益税理论主张应当按照"受益原则"课征税收，国家取自于每一个纳税人的税收应当同其得自于公共劳务的利益相等，只有这样才能建立公平合理的税收制度。各国在财政实践活动中，运用专税专用的收支形式，在收入与支出间建立一种有效的联系机制，使得税收的课征不但符合纳税人的偏好，增进公众福利，而且也有助于实现优化资源配置的目标。

周克清（2000）在《受益原则在税收制度中的应用》中提出受益原则的理论基础是交换说，他认为税收是一种市场交易关系，遵循市场分配原则和规则公平。收益原则很好地实现了受益与代价的对等，不仅可以有效确定政府提供公共产品和服务的合理规模，还可以改进个人的福利水平，实现有效的资源配置。由于我国受益税体系非常薄弱，所以必须建立一套完整的受益税体系，主要包括受益性消费税、受益性资源税、地方性受益税。第一，构建受益性消费税，主要是按受益原则对特定商品课征消费税。它可以选择单一环节课税，也可以选择多环节课税，主要涉及燃油税、汽车驾驶执照税、汽车轮胎税等与道路交通相关的各税种。第二，构建受益性资源税，主要是按受益原则对资源的开采和利用征收。第三，构建地方性受益税，主要是为弥补地方性公共产品的成本费用而开征的地方性税种。结合我国的"清费立税"，地方性受益税的构建主要涉及：将农村现行的"三提五统"改征地方公益税；将乡村水利设施费改征水利税；将城乡各类教育费附加改征教育税。

4. 研究评述

从国外的研究中可以看出，各个国家的政府部门作为农村公路投资建设主体，以社会、市场和私人投资为辅，共同完成农村公路的建设和养护。国外公路建养资金一般来源于政府财政拨款和税收，其中征收公路税得到广泛应用。

国外是较早对公路基金进行实践的，最早的公路基金称为第一代公路基金，如今已对第一代公路基金进行重组和改善，形成了第二代公路基金。公路基金的筹集方式主要是征收公路使用者税及国家基本建设投资和财政拨款。因此在实践中，日本和西欧等国家已经建立以公路用户税为主的公路基金，根据法规对农村公路资金进行分配。第二代公路基金以税收作为保障，大大促进了农村公路的健康发展。

从国内的研究中可以看出，许多学者都认为农村公路是公共物品，基于其公共属性，应以政府为主导，加大政府对农村公路的资金投入。我国县乡政府的财政普遍困难性决定了中央政府或者省级公共财政支出应成为农村公路建设资金的主要来源。在此基础上，学者认为应逐步建立起政府性融资、政策性融资、市场化融资和社会筹资相结合的多渠道多形式的农村公路建设资金筹集体制。

从国内外的研究中可以看出，在多元化的融资渠道中，基于税收的农村公路专项基金在国外进行了实践，并取得了相当大的发展。我国在实践中车购税、燃油税等也属于公路资金来源于受益税税种。但并没有从理论上对基于受益税的农村公路资金来源进行系统研究。本书借鉴国外的成功经验，丰富了受益税理论，并建立基于受益税的农村公路专项基金方案，以改善我国农村公路发展中的资金欠缺及来源不规范等方面存在的问题，促进了农村公路的大力发展。

1.2.2 有关农村公路资金分配的研究

农村公路的公共性决定了大部分农村公路资金由政府采用转移支付的方式进行分配。同时，本书从均等化角度研究农村公路建设资金转移支付方法，相关研究综述将从三个方面展开，一是国内外从公共服务均等化角度对转移支付机制的研究情况。二是国内外关于从均等化角度研究农村公路转移支付的状况。三是本课题组近期公开发表的在农村公路均等化方面所做的研究工作。

1. 关于从公共服务区域均等化角度对转移支付机制的相关研究

（1）国外研究。

20世纪20年代，英国经济学家庇古创立了福利经济学的完整理论系统。他考虑到转移高收入人群的货币收入给低收入人群会提高社会总体满足程度，进而据此提出越是均等化的国民收入分配，越能够提高社会经济福利。庇古的国民收入均等化思想启发了公共服务均等化，即政府应该通过均等化的公共服务来实现全社会福利的最大化。由于国民收入形成了公共服务，所以国民收入的分配也要受到公共服务分配的影响，进而能够促进社会福利最大化。

公共性是公共财政的本质特征，这是因为，作为整个社会的代表，政府的财政收入来源于全体社会成员，所以政府的公共财政支出也必须用于整个社会，也就是要求政府对所有经济主体和社会成员提供"一视同仁"的服务，具体是通过转移支付制度来实现的。

达夫隆（Dafflon，2002）等针对基本公共服务均等化的转移支付机制进行了研究，指出在财政分权国家，中央政府直接决策和许多不均等的转移支付方式通常是地区间公共资源配置不均的重要原因。史蒂芬（Stephen，2002）对美国和加拿大两国基本公共服务均等化的转移支付机制和地区间基本公共服务均等化效果进行了比较，指出了单一公共服务在均等化方面的差异。此后，一些专家学者针对基本公共服务均等化的转移支付方式进行了研究。利弘（Toshihiro，2004）等通过分析联邦制国家地方政府财政支出结构的变化，指出了调整各类转移支付的方法；布鲁塞（Bruce，2005）分析了政府税收返还以及转移支付模式对社会保障计划的影响；泰斯（Thiess，2006）介绍了德国根据地方税收贡献来确定地方财力平衡性转移支付的综合模式。

（2）国内研究。

最近几年，关于转移支付与公共品均等化的问题，国内很多学者做了各种各样的研究，这些文献可分为三类：第一类文献是侧重于分析转移支付对经济发展和财政能力的影响，如刘溶沧等（2002）对财政转移支付在平衡地方财力差异方面的调节效应进行了对比研究，提出进一步建立和健全我国的财政转移支付制度，是均衡地区间公共财政能力，从而实现经济均衡发展的重要举措；规范化的转移支付制度应采取纵向与横向转移支付相结合的模式，应该用"因素法"逐步取代"基数法"来核算转移支付数额。曹俊文等（2006）通过对影响转移支付相关因素进行研究，认为现行的转移支付制度在均衡地区间的财力水平差异方面取得了一定的成效，但并未完全解决地区不均衡问题。王雍君（2006）通过实证分析，指出近年来中国财政转移支付"雷声大、雨点小"，实际成效不大，必须通过切实的计量地方财政能力和支出需求，进而实现公式化的转移支付。

第二类文献是研究转移支付对公共品的影响，如樊丽明、石绍宾（2009）提出借助收入途径、支出途径和政治途径实现公共服务均等化，强调转移支付对实现城乡公共服务均等化的重要性。李华（2005）认为，有效的转移支付是实现城乡公共品均等化供给的重要手段。张培寅（2009）指出建立利于横向均衡的转移支付制度，使转移支付资金体现扶贫效应。

第三类文献则是将转移支付、地区财政和公共产品的均等化联系在一起进行分析。樊丽明、石绍宾（2009）提出借助收入途径、支出途径和政治途径实现公共服务均等化，强调转移支付对实现城乡公共服务均等化的重要性。孟添、张恒龙（2007）提出公共服务均等化可以改变各地政府财力不均等的局面，有助于提高有限财政资源的使用效率。钟振强、宋丹兵（2008）提出基本公共服务的均等化应该具有地域性、相对性和层次性的特征，均等化的公共服务不是绝对的平均，要符合各地的经济发展水平，实现地域内的均等化。同时，还强调对公共服务的均等化进行评价，要考虑多个指标，从多方面定义、衡量公共服务的均等化。

2. 关于从均等化角度研究农村公路转移支付的研究状况

（1）国外研究。

20世纪20年代，英国经济学家庇古提出均等化的国民收入分配，这一思想启发了公共服务均等化。布朗（Brown，1999）考察了美国的财政运输政策与农业运输需求的关系，分析了公路资金供给模式对农村公路建设资金的影响；齐特洛夫（Zietlow，2005）对拉丁美洲的政府公路资金运作进行了研究，强调了资金运作的规范性、均衡性；泰斯（Thiess，2006）介绍了德国根据地方税收贡献来确定地方财力平衡性转移支付的综合模式。

（2）国内研究。

刘成奎等（2008）指出应增加对经济欠发达地区的财政转移支付力

度；刘光俊等（2009）提出应规范财政资金转移支付制度，保证农村公路供给；何祎豪等（2010）建立公路网分布均衡性评价模型；张长生等（2011）提出基于高原山区公路网人口均衡性、面积均衡性和经济均衡性评价方法；梁国华等（2013）提出均衡规模配比的公路网计算流程；李丽等（2012）以实证分析法得出现行的"凡建即补"农村公路财政资金分配方式，形成富裕地区多分配资金，而贫困地区少分配资金的情况；李丽等（2013）提出确定财政转移支付数额时，要考虑不同地区的财政能力。李丽、刘艳娜、徐星（2012）在《农村公路财政资金转移支付方式》一文中，从理论与实证两个方面分析了现行的农村公路建设资金分配方式存在"马太效应"；李丽、齐小翠、董菲（2013）在《建立规范的农村公路财政资金转移支付的必要性》一文中，从农村公路投资的主体、现行农村公路财政资金转移支付的缺陷及农村公路建设资金的大规模投入角度，提出建立规范的农村公路财政资金转移支付的必要性和紧迫性，提出科学、规范的转移支付要体现公平与效率原则，在转移支付的数额上应体现向贫困地区倾斜；李丽、齐小翠、董菲（2013）在《我国农村公路建设公式化转移支付的公平与效率考量》一文中指出，农村公路财政资金转移支付的依据应为运输需求的满足及地方财政能力；李丽、卢昕玮、王菁（2015）在《推进农村公路均等化发展》一文中，从农村公路的农用地公路密度、通达通畅情况及技术等级角度，比较东中西部农村公路发展状况，得出西部地区农村公路发展明显落后于东中部，农村公路区域发展处于非均等状态，提出建立一套考虑各区域修建农村公路的成本、地方财力及农村公路需求的基于均等化发展的合理规范的转移支付制度，推进农村公路均等化发展，进而推动区域的均衡发展。

3. 研究评述

从目前相关研究看，国内外基于公共服务均等化的转移支付研究较为丰富，在某些方面也取得了一致的共识。近几年主要是课题组对基于农村公路均等化的转移支付进行了系统的研究。目前，农村公路财政资金转移支付在制度安排上由于缺乏客观标准与合理的分配程序，受人为因素影响较大，资金只凭行政命令或地方配套资金的高低来确定补助地区和拨付数额，缺乏合理性和公平性，造成资金和资源的浪费。课题组针对目前农村公路财政资金转移支付存在的问题，以公平理论为基础，探讨建立一套科学、规范的有利于实现区域均衡发展的农村公路财政资金转移支付制度，以指导农村公路财政资金的使用分配。

1.2.3 有关农村公路资金监管的研究

1. 国外研究

在西方发达国家中，农村公路建设由政府解决建设资金问题，在农村公路发展的同时不断发展和完善相关的法律法规，并积极推行各种监督机制对农村公路的建设及资金进行有效的监督。管理部门上，国外在公路管理体制上一般设立中央一级的公路主管部门，并通过法律、资金、规划、工程监督等手段，负责国道和干线公路的建设、运营管理。同时，大部分国道都按照行政区设立各级地方公路管理机构，这些机构对其行政管辖范围内地方公路的建设和养护管理负责。国外对农村公路的管理主要集中在州及其以下各部门。

资金监管方面，国外在农村建设中对资金管理的方法主要有以下几种：第一种就是立法监管制度，主要在英国、美国等国家盛行。通过制定财政、财务管理及会计的相关法律，依法管理国家总预决算。审计机关和监管机关向国会负责。第二种就是司法监管。如西班牙，主要通过宪法及其他专门法律审核国家预决算、税收及财务等。第三种是行政监管制度。如东欧、瑞典等国家，主要通过整理财务行政和核实财政支出，来检查并处理违法行为。第四种是财政监管制度。以日本为典型，其规定会计检察院隶属天皇，独立于内阁之上。

2. 国内研究

农村公路作为连接城乡的纽带，其发展既能够改善农村经济条件，又能够加速城乡融合，带动农村产业结构调整。近几年，随着农村公路建设的不断发展，相伴而来的问题也不断涌现。其中，资金问题的研究广受瞩目。秦晓丽（2006）在其硕士毕业论文《陕西省农村公路建设资金政策研究》中通过对陕西省农村公路建设资金政策的分析，指出陕西农村公路建设资金严重不足，没有稳定的资金来源及资金使用过程不规范，阻碍了陕西农村公路的健康有序发展。田芳（2010）在《西部农村公路建设项目资金监管探析》一文中指出，资金的筹集和投入是制约西部农村公路发展的主要问题，由于农村公路建设规模小，项目多且分散，如果不能有效地对农村公路建设资金进行监管，必将阻碍农村公路的建设步伐，对农村经济发展造成不利影响。贲娟（2012）在其硕士毕业论文《农村公路养护资金的筹集及使用监管问题研究》中提出，重视农村公路养护资金的使用及监管研究，是农村公路可持续发展的必然要求，该文章还指出，在农村公路建设资金缺口逐年扩大的情况下，必须拓宽筹资渠道，建立适合的使用监管机制，确保养护资金满足养护所需。陈曦（2013）在其硕士毕业论文《辽西 A 市农村公路资金筹集与使用问题研究》中指出，长期以来，各地农村公路的建养资金筹集融资渠道单一，没有稳定来源；地方政府职能错位，资金投入严重不足及农村公路专项资金到位率低，使用效率低下。并提出农村公路专项资金使用缺少规范，使得资金截留挪用现象盛行。王欣（2011）在其硕士毕业论文《我国农村公路建设管理体制研究》一文中指出，我国农村公路建设存在的问题可以从自身发展、战略规划、资金筹措和组织实施几个方面进行分析，同时指出，目前我国农村公路资金监督管理体制混乱，各部门职能不明确，缺乏有效的监督管理机制。于桂芝（2011），在《农村公路管理探析》一文中指出，处理好农村公路建、管、养三方面的关系，是农村公路健康发展的保障，该文章指出，健全农村公路管理与养护体质，规范农村公路管理行为，是推动公路交通行业可持续发展的重要工作。

3. 研究评价

从国内外研究可看出，现行对农村公路资金运行监管的研究主要是指出农村公路监管出现的问题，并指出，目前农村公路资金运行监管问题突出，需要加强监管力度。这些研究所提出的措施基本上是孤立的，并没有结合农村公路资金所涉及的主体提出系统的建议与解决方法。

要解决农村公路资金运行监管存在的问题，首先要分析清楚农村公路建设过程所涉及的利益主体及其在建设过程中的责任所在，其次对行使监管职能的主体责任明确，剔除监管职能交叉重叠的部分，确保农村公路资金建设过程中所涉及的资金能够及时、全额的用于建设之中。农村公路建设普遍存在的问题就是没有一个稳定的资金来源，地方政府配套资金筹集困难，资金使用不规范及运行资金监管主体不明确。建设资金远远不能满足需要，再加上资金监管的滞后性，使资金不能更好地运用。所以，要解决农村公路建设过程中的资金问题，就必须有一套行之有效的资金运行监管制度作为保障。

综观国内外学者对农村公路财政资金相关方面的研究，国外农村公路财政资金运行机制体系比较完善。目前我国已将公路建设的重点转移到农村公路建设上，有关农村公路建设方面的研究成为业内研究的热点问题。从国内研究看，现行的研究大多是针对目前农村公路建设中存在的某方面问题进行的研究，缺乏对农村公路建设资金运行机制进行系统地研究。农村公路的建设是一个系统工程，资金是关键，目前农村公路主要是财政投资，只有系统研究农村公路建设的决策依据、财政资金的使用、分配及监管，才能建立科学规范的农村公路财政资金运行机制。

1.3　研究的意义

目前，国家公路建设的重心已经转向农村公路建设，全国农村公路建设投资额持续增长，如此大规模的政府投资，需要一套科学规范的农村公路财政资金运行机制，规范农村公路的资金来源、分配、使用及监督，避免或减少资金、土地的浪费，使农村公路得到可持续发展。

目前我国农村公路财政资金运行机制不科学、不规范，而理论界缺乏系统研究农村公路财政资金转移制度。本书研究中涉及财政学理论、交通经济理论、管理学理论，是一个跨学科的研究，研究的意义在于结合不同的学科，对农村公路财政资金运行机制进行深入分析，理顺系统内各种关系，提出一套科学可行的农村公路财政资金运行机制，研究的成果对规范农村公路财政资金运作有着现实的指导意义。从实践意义看，本书的研究成果可运用于各级主管农村公路建设的政府部门依据研究成果对农村公路财政资金进行转移支付，设置农村公路财政资金转移支付的管理机制。因此，本书对农村公路的规范建设，农村公路的可持续发展具有重大的意义，也对加快新农村的建设具有重要意义。

第2章

农村公路财政资金运行管理机制存在的问题分析

2.1 国外农村公路建设与运行概况

国外在公路管理体制上一般设立中央一级的公路主管部门，并通过法律、资金、规划、工程监督等手段，负责国道和干线公路的建设、运营管理。同时，大部分国道都按照行政区设立各级地方公路管理机构，这些机构对其行政管辖范围内地方公路的建设和养护管理负责。国外对农村公路的管理主要集中在州及以下各部门，美国各州运输厅的主要职责除落实联邦资助公路的建设和养护管理外，还负责地方公路的建设和养护；德国州以下公路的建设和养护由各县工程处自己负责，或者由州公路管理局代管；日本为促进村镇的可持续发展，从 20 世纪 70 年代初开始，政府规划并实施了旨在改善农村生活环境、缩小城乡差别的"村镇综合建设示范工程"，其内容包括村镇综合建设构想、建设计划（道路、水设施等的建设目标）、地区行动计划等。示范工程的实施主体通常由政府承担，投资费用的 50% 由中央政府承担，其他由各级政府分担①。

2.2 中国农村公路建设状况

2003 年，为认真贯彻党的十六大关于建设社会主义新农村的战略部署，交通部提出"修好农村路，服务城镇化，让农民兄弟走上油路和水泥路"的目标②。自此，全国农村公路掀起了大规模的建设热潮。经过多年发展，我国农村公路不论从量上和质上都得到迅速发展。

2.2.1 从农村公路建设里程看

党的十八大以来，国务院、交通部及地方有关部门高度重视农村道路建设，制定出台了多项推动农村道路建设发展的政策举措，农村道路建设取得了显著成绩。2020 年农村公路里程 438.23 万公里，其中县道里程 66.14 万公里、乡道里程 123.85 万公里、村道里程 248.24 万公里。与 2013 年相比，农村公路里程增长 15.79%。2013 年全国乡（镇）通达率 99.97%，建制村通达率 99.70%。2020 年具备条件的乡镇和建制村实现了 100% 通硬化路的目标。③ 一条条"四好农村路"通村畅乡，成为农民群众的民生路、产业路、致富路，为农村地区带去了人气、财气。

根据图 2 - 1 数据显示：2006 ~ 2013 年，农村公路里程由 2006 年的 302.61 万公里，增至 2013 年的 378.48 万公里，增长率 25.1%；农村公路的投资额，年平均增长率 7% 左右。截至 2013 年底，全国 37709 个乡镇中，仅有 10 个未通公路，638155 个建制村中，仅有 1892 个未通公路④。

---

① 王宝刚编译. 日本的村镇建设 ［J］. 小城镇建设，2002（6）：86 - 89.
② 让农民走上油路和水泥路 ［N］. 农民日报，2014 - 12 - 27.
③ 交通运输部：交通运输行业发展统计公报（2013 年、2020 年）。
④ 2005 年底，我国对农村公路进行了全面的调查，将村道纳入统计范围，从 2006 年起，农村公路里程统计口径一致，因此，在此选取 2006 年以后的数据进行对比。

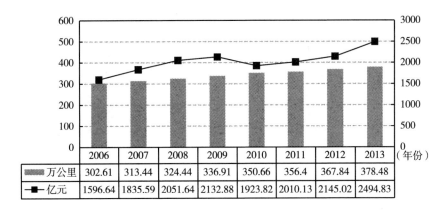

	2006	2007	2008	2009	2010	2011	2012	2013	(年份)
万公里	302.61	313.44	324.44	336.91	350.66	356.4	367.84	378.48	
亿元	1596.64	1835.59	2051.64	2132.88	1923.82	2010.13	2145.02	2494.83	

图2-1　2006~2013年全国农村公路建设总里程及完成建设资金总额

资料来源：2006~2013年交通运输行业发展统计公报。

2.2.2　从农村公路结构变化看

表2-1和图2-2为2006年、2008年、2012年三年农村公路结构变化情况。据全国交通运输行业发展统计数据显示，农村公路里程数占全国公路总里程的87%左右，而其中村道所占比例最大；2006~2012年，县道、乡道和村道里程数逐年增加，但所占比例显示县道和乡道发展五年来趋于稳定，而村道里程增加了34.6%，所占全国公路的比率提高了4.35个百分比。

表2-1　　　　　　　　　　全国农村公路里程构成统计　　　　　　　　单位：万公里

项目	2006年	占比（%）	2008年	占比（%）	2012年	占比（%）
总里程	345.7		373.02		423.75	
农村公路	302.61	87.54	324.44	86.98	367.84	86.81
县道	50.65	14.65	51.23	13.73	53.95	12.73
乡道	98.76	28.57	101.11	27.10	107.67	25.41
村道	153.2	44.32	172.10	46.14	206.22	48.67

资料来源：2006年、2008年、2012年交通运输行业发展统计公报。

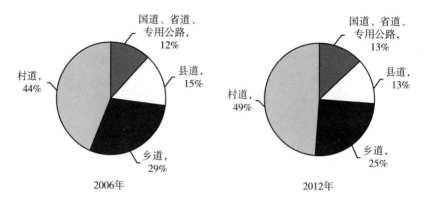

图 2 - 2　2006 年和 2012 年全国公路里程构成
资料来源：2006 年、2012 年交通运输行业发展统计公报。

2.2.3　从技术等级看

农村公路按等级划分，主要包括四级公路、相当一部分的三级公路及等级外公路。表 2 - 2 为近几年农村公路等级公路统计表，从中可以看出我国农村公路技术等级在逐步提高。

表 2 - 2 　　　　　　　**2009 ~ 2013 年全国农村公路等级公路里程**　　　　　单位：公里

年份	合计	等级公路		县道	等级公路	乡道	等级公路	村道	等级公路
		里程	比例（%）		里程		里程		里程
2009	3369079	2598061	77.1	519492	487116	1019550	851911	1830037	1259035
2010	3506611	2833608	80.8	554047	526606	1054826	924769	1897738	1302233
2011	3563984	2941657	82.5	533576	510011	1065996	953305	1964411	1478341
2012	3678387	3080049	83.7	539519	518843	1076651	973317	2062217	1587889
2013	3784761	3212215	84.9	546818	527137	1090522	994845	2147421	1690233

资料来源：《2003—2013 全国农村公路统计手册》。

2.2.4　从农村公路硬化率看

图 2 - 3 为 2009 ~ 2013 年的农村公路硬化率变化情况，从中可以看

出，农村公路每年的硬化率不断提高，2009 年硬化率不到 55%，2013 年已经接近 65%。说明农村公路的质量也在不断提高。

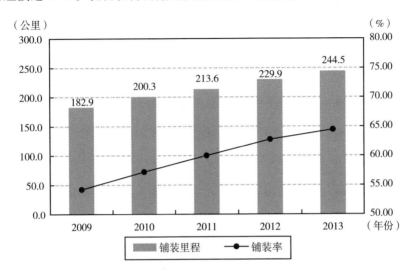

图 2 - 3　2009 ~ 2013 年农村公路路面硬化率

可见，农村公路近几年得到较好发展，从量和质上都发生了巨大变化。

2.3　当前我国农村公路管理与运行机制

2.3.1　农村公路的投资状况

全国农村公路的建设始于 2003 年，从 2004 年开始，我国对农村公路的投资逐年增加。表 2 - 3 为 2005 ~ 2013 年国家对农村公路的投资状况，从绝对数看，除 2010 年外，每年农村公路投资都比上年有所增加；从农村公路在公路总投资中的比例看，2005 ~ 2013 年农村公路占总投资的比例平均为 19%。这说明近些年，国家加大了对农村公路的投资。

表 2 - 3   2005 ~ 2013 年全国农村公路投资状况

项目	公路总投资 （亿元）	农村公路总投资 （亿元）	农村公路投资比例 （%）
2005 年	5484.97	1399.04	25.51
2006 年	6231.05	1596.64	25.63
2007 年	6489.91	1835.59	28.28
2008 年	6880.64	2051.64	29.82
2009 年	9668.75	2132.88	22.06
2010 年	11482.28	1923.82	16.75
2011 年	12596.36	2010.13	15.96
2012 年	12713.95	2145.02	16.87
2013 年	13692.20	2494.83	18.22
合计	85240.11	17589.59	19.03

资料来源：《2005 ~ 2013 年度公路水路交通运输行业发展统计公报》。

"十三五"期间我国中央财政累计投入车购税资金 4254 亿元，带动全社会完成农村公路投资 2.14 万亿元，新改建农村公路 138.8 万公里，全国农村公路总里程达 430 多万公里，占公路总里程的 83%，共解决 246 个乡镇、3.3 万个建制村通硬化路难题，新增 1121 个乡镇、3.35 万个建制村通客车，基本实现具备条件的乡镇和建制村通硬化路、通客车，农村"出行难"成为历史。[①]

2.3.2 农村公路管理与运行机制

根据 2006 年《农村公路建设管理办法》，关于我国农村公路的管理和运行，有如下规定。

农村公路建设应当由地方人民政府负责。其中，乡道由所在乡（镇）人民政府负责建设；在当地人民政府的指导下，村道由村民委员会按照村民自愿、民主决策、一事一议的方式组织建设。

交通部负责全国农村公路建设的行业管理；省级人民政府交通主管

---

① 我国农村公路总里程超四百万公里，农村"出行难"成为历史 [EB/OL]. 经济日报，2020 - 10 - 22.

部门依据职责负责本行政区域内农村公路建设的管理；设区的市和县级人民政府交通主管部门依据职责负责本行政区域内农村公路建设的组织和管理。

农村公路建设资金应当按照国家有关规定，列入地方人民政府的财政预算。目前，农村公路建设逐步实行政府投资为主、农村社区为辅、社会各界共同参与的多渠道筹资机制，鼓励农村公路沿线受益单位捐助农村公路建设，鼓励利用冠名权、路边资源开发权、绿化权等方式筹集社会资金投资农村公路建设，鼓励企业和个人捐款用于农村公路建设。

在中央对地方资金的分配上，现行农村公路财政资金转移支付方式主要是在地方（县级）政府自筹资金到位的情况下，上级政府（包括中央和省市）根据拟修建农村公路的里程与等级，依据一定的标准采用凡建即补的转移支付方式。

农村公路建设资金使用应当接受审计、财政和上级财务部门审计检查。任何单位、组织和个人不得截留、挤占和挪用农村公路建设资金。

2018年4月8日，交通运输部颁布了修订后的《农村公路建设管理办法》（以下简称《办法》），并于2018年6月1日起施行。《办法》第五条规定：县级人民政府应当按照国务院有关规定落实本行政区域内农村公路建设的主体责任，对农村公路建设质量、安全负责，落实财政保障机制，加强和规范农村公路建设管理，严格生态环境保护，扶持和促进农村公路绿色可持续发展。

乡级人民政府负责本行政区域内乡道、村道的建设管理工作。

村民委员会在乡级人民政府的指导下，可以按照村民自愿、民主决策的原则和一事一议制度组织村道建设。

关于建设资金，《办法》第十五条规定：农村公路建设资金应当按照国家相关规定，列入地方各级政府财政预算。农村公路建设应当逐步建立健全以财政投入为主、多渠道筹措为辅的资金筹措机制。鼓励采取农村公路资源开发、金融支持、捐助、捐款等方式筹集农村公路建设资金。

《办法》第十八条规定：农村公路建设资金应当按照有关规定及时支

付。已列入建设计划的项目可以采用"先建后补"等方式组织建设。

车辆购置税补助资金应当全部用于建设项目建筑安装工程费支出，不得从中提取咨询、审查、管理等其他费用，但中央政府全额投资的建设项目除外。

农村公路建设资金使用情况应当按照规定接受有关部门监督检查。任何单位、组织和个人不得截留、挤占、挪用农村公路建设资金。

2.3.3　中央对地方农村公路资金建养补助标准

"十一五"期间，中央对地方农村公路建设资金补助标准为：通村公路每公里补助 10 万元，通乡公路每公里补助 40 万元①。从 2009 年开始，交通运输部对中西部"少边穷"地区农村公路建设适当提高补助标准，中部"少边穷"地区建制村通沥青（水泥）公路由每公里 10 万元提高到每公里 15 万元，西部"少边穷"地区建制村通公路由每公里 10 万元提高到每公里 20 万元②。各省份也在中央补助标准基础上，制定了相应的补助标准。

2005 年 9 月，国务院办公厅颁布《农村公路管理养护体制改革方案》，明确了地方政府对农村公路养护管理责任。按照此方案制定的标准，县道补助 7000 元/年公里，乡道补助 3500 元/年公里，村道补助 1000 元/年公里。

依据财政部、交通运输部 2021 年 3 月 30 日发布的《车辆购置税收入补助地方资金管理暂行办法》，对农村公路的新建、改建和扩建支出，实行"以奖代补"方式。综合各省份普通省道和农村公路建设投资额、建设里程、乡镇通三级公路建设、自然村通硬化路建设、危桥改造和村道安全生命防护工程（以下简称"村道安防工程"）等任务，结合区域差异、财政困难程度等，会同财政部确定"十四五"时期各省份普通省道

---

① 关于按区域提高通乡通村公路建设补助资金标准的建议［EB/OL］. 陕西省人民政府网，2011.

② 我国农村公路建设将向西部和"老少边穷"地区倾斜［EB/OL］. 新华网，2010.

和农村公路建设规划奖补资金基数。

依据国务院办公厅 2019 年 9 月 23 日发布的《关于深化农村公路管理养护体制改革的意见》，农村公路养护属于地方财政事权，资金原则上由地方通过自有财力安排，对县级人民政府落实支出责任存在的收支缺口，上级人民政府可根据不同时期的发展目标给予一定的资金支持。中央在均衡性转移支付中将进一步考虑农村公路管理养护因素，加大对重点贫困地区的支持力度，继续安排车购税资金支持农村公路升级改造、安全生命防护工程建设和危桥改造等。地方各级人民政府要确保财政支出责任落实到位，将相关税收返还用于农村公路养护。省、市、县三级公共财政资金用于农村公路日常养护的总额不得低于以下标准：县道每年每公里 10000 元，乡道每年每公里 5000 元，村道每年每公里 3000 元，省、市、县三级公共财政投入比例由各省（区、市）根据本地区实际情况确定，并建立与养护成本变化等因素相关联的动态调整机制①。

2.4　农村公路财政资金运行管理机制存在的问题分析

通过调研及查阅相关专业资料，从理论及实践两个方面，分析农村公路财政资金运行管理机制存在的问题。农村公路运行过程包括资金来源—资金分配—资金使用—资金监管等过程，下面从这几个方面分析现行农村公路财政资金运行管理机制存在的问题。

2.4.1　农村公路财政资金来源现状及存在的问题分析

1. 农村公路建设资金来源

目前，我国农村公路建设资金来源主要是中央政府投入资金、地

---

① 《国务院办公厅关于深化农村公路管理养护体制改革的意见》。

方政府投入资金、银行贷款、农民筹资（以工代赈）等。具体结构如图 2-4 所示。

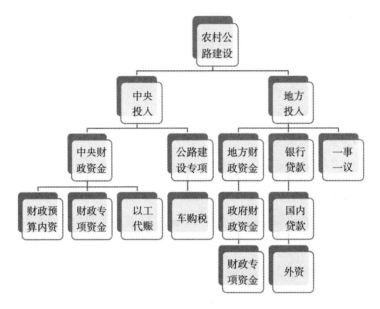

图 2-4　农村公路建设资金来源结构

2. 农村公路项目资金来源明细

表 2-4 为 2009~2013 年农村公路项目资金来源明细，其中中央投资包括中央预算内资金、中央国债及车购税；地方投入包括地方预算内资金、地方转贷和地方自筹资金。

表 2-4　　　　　　　2009~2013 年农村公路项目资金来源明细　　　　　单位：万元

年份	中央投入	地方投入	国内贷款	利用外资	企事业单位投入	其他资金	总计
2009	5517981	11773762	887430	21835	335635	261599	18798242
2010	3117928	11893632	1010082	19169	142804	332171	16515786
2011	4181535	11932100	720340	1000	245773	249459	17330207
2012	4409446	12956179	612445	0	172719	302408	18453197
2013	5947762	12846052	528354	0	434926	1360646	21117740
合计	23174652	61401725	3758651	42004	1331857	2506283	92215172

资料来源：《2009~2013 年全国交通运输统计资料汇编》。

3. 农村公路资金来源存在的问题①

（1）农村公路建养资金缺乏。

在调研中，农村公路建养管理部门、县乡村普遍反映农村公路建养资金缺乏，上级的补助远远低于建养成本。造成在修建农村公路时，技术标准低，偷工减料。2004～2006年大规模修建的农村公路毁损严重，存在需大修或重建的问题。由于农村公路建设成本不断升高，在调研的乡镇中，普遍反映出农村公路建养资金严重不足。

如在2013年对陕西省某乡镇的调研中反映出，上级对通乡水泥路执行的补助标准是每公里40万元，而在前几年的实际建设中硬化改造1公里6米宽的道路，造价最低达到85万元。在通乡油路实际建设中，上级的补助资金仅占实际建设费用的47%，其余多一半的资金需要地方自筹配套。2012年以来，每公里的实际造价已升至150万元左右。

在对山西省某县的调研中反映出，6米宽的三级农村公路，每平方公里造价约为100万元，3.5米宽的四级公路造价每平方米大约80万元，与上级政府补助相比，差异较大。

总之，在调研中，普遍反映建养资金缺乏的情况较多。很多地方对农村公路建设缺乏热情，且上级给予补助很少，建的越多，自筹资金就越多，加上乡镇资金缺乏，对农村公路建设缺乏热情，路能凑合就凑合。

（2）农村公路资金来源不规范。

《农村公路建设管理办法》第四条规定农村公路建设应当由地方人民政府负责；第十五条规定农村公路建设资金应当按照国家有关规定，列入地方人民政府的财政预算；第十六条规定农村公路建设逐步实行政府投资为主、农村社区为辅、社会各界共同参与的多渠道筹资机制。

目前农村公路的建设资金，中央政府依据一定的标准进行补助后，剩余大部分来自地方政府自筹。现行的财政体制，大部分地方政府财政普遍困难，为了使配套资金到位，地方政府往往哪里有钱，就从哪里挪用。

---

① 资料来源：笔者研究团队亲自调研得出。

农村公路养护资金来源也不规范，目前我国农村公路实行"自建、自养和自管"的政策，农村公路养护资金没有稳定的来源。农村费改税后，使以工代赈、以金代劳、民工建勤、义务献工和自愿捐款等筹资方式受阻，资金问题成为开展大规模农村公路养护的"瓶颈"。

《农村公路管理养护体制改革方案》明确规定，县级人民政府是本地农村公路管理和养护的责任主体，其交通主管部门具体负责管理养护工作，所属公路管理机构具体承担农村公路的日常管理和养护工作。改革方案明确了各级政府是农村公路管理和养护的责任主体。但是在实践中，农村公路的养护责任主体并不明确，尤其是村道，主体更是不明确且养护无法律依据。责任主体不明确，相应的养护资金也就失去了稳定规范的来源。

2.4.2　农村公路资金分配存在的问题

目前，中国农村公路建设资金在地方自筹资金到位的情况下，上级（包括中央、省和市）根据修建农村公路的里程及等级，依据一定的标准采用"凡建即补"的转移支付方式。规范的财政资金转移支付应体现效率与公平原则，但中国现行农村公路资金的转移支付未能体现效率与公平原则。从效率角度看，现行农村公路建设决策基本上是行政命令，除了对县级农村公路进行可行性评价，对乡、村级农村公路基本没有进行可行性评价，也就是说农村公路的建设没有从效率角度去衡量是否应进行建设。从公平角度看，"凡建即补"的投资政策往往造成富裕地区因修路多补助也多的现象，相反，贫困地区得到的补助较少，从而出现所谓的"马太效应"。

图 2-5 为 2010 年中国东部、中部和西部地区农用地公路密度，从图 2-5 可以看出：2010 年中国东部、中部和西部地区农用地公路密度分别为 1.459 千米/平方千米、0.773 千米/平方千米和 0.337 千米/平方千米，东部地区农用地公路密度是中部地区的 1.89 倍，是西部地区的 4.33 倍。可见，中国东部、中部和西部地区农村公路发展是不均衡的。

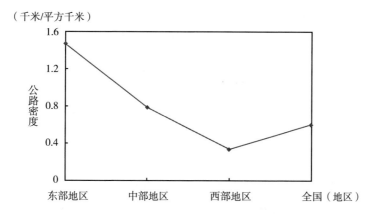

（千米/平方千米）

图2-5 2010年东中西部农村公路密度比较

资料来源：农用地面积来源于《2010中国统计年鉴》，农村公路里程来源于《2003—2013全国农村公路统计手册》，以及交通运输部公路局网站2014年。

虽然，近年来我国农村公路取得了较快的发展，对方便农民出行、改善农村面貌、发展农村经济发挥了重要作用，但也应看到农村公路的发展存在地区间发展不平衡这一问题，应该说这与现阶段农村公路财政投资政策有着很大的关系。

2.4.3 农村公路财政资金监管分析

1. 有关农村公路财政资金监督管理的有关规定

交通运输部2004年颁布的《农村公路建设资金使用监督管理办法》规定，对公路建设监督管理实行由交通运输部统一领导，县级以上人民政府交通运输部门分级管理；建设资金实行分级负责、分级监督的管理方式。交通运输部负责指导监督全国农村公路建设资金使用管理工作，各省（区、市）交通主管部门负责本辖区建设资金的使用监管工作，建设单位负责按规定使用建设资金，采取"一级管一级"的分级负责、分级监督管理方式。以上规定均指出，监管由交通运输部门负责，该规定第三章第二十条规定：各级地方人民政府交通主管部门应当依据职责，建立健全农村公路建设资金管理制度，加强对资金使用情况的监管。农村公路建设资金使用应当接受审计、财政和上级财务部门审计检查。任何单位、组织和个人不得截留、挤占和挪用农村公路建设资金。第二十一条规定各级人民政府和村民委员会应当将农村公路建设资金使用情况，向公路沿线乡（镇）、村定期进行公示，加强资金使用的社会监督。

2. 现行农村公路财政资金监督管理存在的问题

（1）农村公路建设资金监管部门过多。

目前，涉及农村公路资金投资管理的部门主要有交通运输部门、国家发改委、财政部门、审计部门及地方政府部门，这种多头管理的现象使农村公路建设资金监管过程面临众多环节，所涉及的各部门都基于本部门利益出发，各自为政，出现各部门互推责任或是踢皮球的现象。监督主体过多，各方职责没有明确的分工，造成工作效率过低。

（2）监管部门间职能划分不明确。

在农村公路建设实践中，各级交通运输部门既是组织管理者又是监督管理者。在资金的筹集中，交通运输部门尤其是地方交通运输部门承担着主要责任，为了保证农村公路能够得到及时地修建，地方交通运输部门动用一切可行的办法筹措配套资金；而同为资金监管主体的一员，交通运输部门又要对资金的使用负责。这样监管主体的组织与监督为同一主体，使得资金监管工作在矛盾中进行。

要达到资金监管的目的，必须明确一个资金监管机构，并且能够独立行使监管职能，不受任何一方的意志左右。但目前我国农村公路建设监管机构缺乏独立性。

（3）与法律法规相配套的制度不完备。

"有法可依"的同时也要做到"有法必依"，由于配套制度不完备，在监管方面出现很多漏洞，监管的制度不明确，内容简化分散，监督效率低下。有关农村公路建设的监管涉及面广，涉及建设前的资金管理，主要包括工作人员的意识、项目规划设计管理、建立健全内部控制等；建设过程中对资金的监管，主要有预算、财务管理机构、会计基础工作、单位管理费用等；竣工阶段的资金管理。目前，对全过程监管，没有做到细化。

　　由于农村公路建设实行分级管理的政策，并没有设定一个专门的部门对农村公路建设实行全过程监管，只是逐级的上报和定时检查，这就使当地政府交通部门作为直接监管者为了保证农村公路能如期建设，出现了瞒报、隐报的现象。目前，用于农村公路资金监管的主要法律依据为《农村公路建设资金使用监督管理办法》，但主管政府及项目建设单位一味地追求农村公路的建成数量与速度，却忽视了项目管理与群众利益，对上级检查中指出的问题不够重视，没有及时纠正错误和追究责任，农村公路资金挪用现象、项目非法转分包现象、违法征地现象和拖欠农民工工资等现象问题屡禁不止。

　　农村公路财政资金运行管理机制这一过程，是一个业务流程过程，但它们之间又是一个统一的有机体，各环节之间互相影响，前面的环节解决不好，后一个链条就很难有效进行，一个链条存在问题，也会影响到其他链条。因此，现行农村公路管理运行机制，不是靠对某个环节的修修补补，而是需要从整体上进行分析。本书将从整体上对监管系统进行分析，提出改进的思路。

第3章

农村公路投资主体分析

3.1 现行农村公路投资主体

3.1.1 现状分析

1. 从法律法规看

《农村公路建设管理办法》第四条具体规定：农村公路建设应当由地方人民政府负责，其中，乡道由所在乡（镇）人民政府负责建设；在当地人民政府的指导下，村道由村民委员会按照村民自愿、民主决策、一事一议的方式组织建设。

2018年修订的《农村公路建设管理办法》第五条规定：县级人民政府应当按照国务院有关规定落实本行政区域内农村公路建设的主体责任，对农村公路建设质量、安全负责，落实财政保障机制，加强和规范农村公路建设管理，严格生态环境保护，扶持和促进农村公路绿色可持续发展；乡级人民政府负责本行政区域内乡道、村道建设管理工作；村民委员会在乡级人民政府的指导下，可以按照村民自愿、民主决策的原则和一事一议制度组织村道建设。

由此可见，法律法规把地方政府作为农村公路建设投资主体。

2. 从投资比例看

表 3 - 1 为 2009 ~ 2013 年农村公路资金投入比例，从中可以看出，政府投资占绝对优势，所投入资金占总投资的比例平均超过 90%，说明政府为农村公路的投资主体。再比较中央政府和地方政府投资状况，一般情况下，农村公路国内贷款的还贷主体基本上为县级人民政府，地方政府对农村公路的投资比例超过 70%，中央政府投资比例为 25%，地方政府明显成为农村公路投资主体。

表 3 - 1　　　　　　2009 ~ 2013 年农村公路资金投入所占比例　　　　单位：%

年份	中央投入	地方投入	国内贷款	利用外资	企事业单位投入	其他资金	总计
2009	29.35	62.63	4.72	0.12	1.79	1.39	100
2010	18.88	72.01	6.12	0.12	0.86	2.01	100
2011	24.13	68.85	4.16	0.01	1.42	1.43	100
2012	23.90	70.21	3.32	0	0.94	1.63	100
2013	28.16	60.83	2.50	0	2.06	6.45	100
合计	25.13	66.59	4.08	0.05	1.44	2.71	100

资料来源：交通运输部：《2009 - 2013 年全国交通运输统计资料汇编》。

因此，从法律法规及现实的投资状况看，目前地方政府都承担了农村公路的投资主体。

3.1.2　问题分析

从现行的财政体制看，财政收入向中央集聚，地方政府财政收入偏紧。地方政府作为农村公路投资主体，造成的结果是农村公路资金紧张，地方政府往往是哪里有资金，就从哪个地方挤，导致资金筹措不规范。

由于中央地方的财权与事权不统一，农村公路没有规范的资金来源。地方政府承担的管理和服务职能不断扩展，而财力却集中于中央政府手中。

表 3 - 2 是我国中央和地方财政收入及支出比较，从增长数额上分析，2006 ~ 2010 年，中央财政收入与支出，地方财政收入与支出均呈现增长趋势。2006 ~ 2010 年，中央收入、地方收入与支出均增长一倍多，而中央支出从 2006 年的 9991.40 亿元增加到 2010 年的 15989.73 亿元，增长 0.6 倍。从所占比重进行分析，地方政府收入中所占的比重基本保持不变，维持在 46% 左右，而支出占全国总支出的比例却大幅上升，其中 2009 年和 2010 年达到了 80% 以上。中央收入占全国比重高于地方收入占全国比重，而中央支出占全国比重却远远低于地方支出占全国比重，并且地方支出呈现出越来越高的趋势。

表 3 - 2　　　　　　　　我国中央和地方财政收入及支出比较

项目	2006 年	2007 年	2008 年	2009 年	2010 年
中央收入（亿元）	20456.62	27749.16	32680.56	35915.71	42488.47
地方收入（亿元）	18303.58	23572.62	28649.79	32602.59	40613.04
中央支出（亿元）	9991.40	11442.06	13344.17	15255.79	15989.73
地方支出（亿元）	30431.33	38339.29	49248.49	61044.14	73884.43
中央收入所占比重（%）	52.8	54.1	53.3	52.4	51.1
地方收入所占比重（%）	47.2	45.9	46.7	47.6	48.9
中央支出所占比重（%）	24.7	23.0	21.3	20.0	17.8
地方支出所占比重（%）	75.3	77.0	78.7	80.0	82.2

资料来源：《2011 年中国统计年鉴》。

下面以图示表示中央、地方的财政收入和支出，图 3 - 1 为 2010 年中央和地方收入所占比重，图 3 - 2 为 2010 年中央和地方支出所占比重。从图 3 - 1 和图 3 - 2 可看出，2010 年地方收入占 48.9%，而地方支出却占 82.2%；中央收入所占比重为 51.1%，中央支出所占比重为 17.8%。地方收入远远小于地方支出，中央收入大于中央支出。地方收入与地方支出的较大悬殊造成地方财力严重匮乏，无力支撑其地方投资。而中央政府财力相对丰裕，可以将其资金用于更多的地方投资建设中，其中包括农村公路的建设和养护。

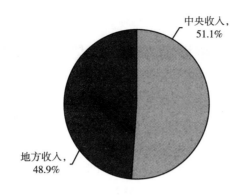

图 3 - 1 2010 年中央和地方收入所占比重

资料来源：《2011 年中国统计年鉴》。

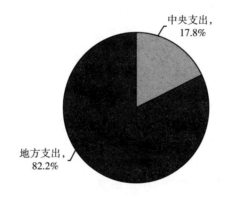

图 3 - 2 2010 年中央和地方支出所占比重

资料来源：《2011 年中国统计年鉴》。

中央和地方政府的收支不平衡导致政府间财力差距过大，财力纵向不平衡问题突出。导致财权越来越多地掌握在中央手中，然而事权逐渐下移到地方政府手中，从而出现财权与事权的严重不匹配。

在此情况下，作为地方公共产品和服务的供给主体，由于受到财政能力的限制，地方政府的供给能力就受到了约束，无法进行有效的供给。因此若想大力发展农村公路，应从我国的财政体制入手，积极推进财政体制改革与创新，由财政能力强的中央政府作为农村公路的投资主体，达到财权与事权相统一，才能在物质上保障农村公路的建设顺利进行。

3.2 农村公路投资主体确定依据的理论分析

3.2.1 农村公路界定

从功能角度，可以对农村公路做如下定义：服务于农业生产和农村社会经济发展，连接县城、乡镇、建制村及农林牧副渔生产基地、资源开发区、学校、集贸市场等农村交通集散点，主要供机动车辆行驶并达到一定技术标准的公路（李兴华和范振宇，2006）。

从范围角度，《中华人民共和国公路法》、2005年国务院通过的《农村公路管理养护体制改革方案》和交通运输部《农村公路建设管理办法》中界定的农村公路，即包括县道、乡道和村道。县公路是指县级人民政府所在地与乡人民政府所在地、主要商品生产和集散地相连接的公路，以及不属于国、省道的县际间公路；乡公路是指连接乡级人民政府所在地与建制村的公路，以及不属于县公路的乡际间、乡与外部连接的公路；村公路是指为农村居民生产、生活服务，连接建制村和居民点，不属于县乡公路的公路。

3.2.2 农村公路属性分析

根据公共物品理论，社会物品按照其在消费过程中消费特征（排他性、竞争性）的不同，可以分为私人物品和公共物品，公共物品又可以分为纯公共物品和准公共物品。私人物品是指同时具有排他性和竞争性的物品；纯公共物品是指同时具有非排他性和非竞争性的物品；准公共物品是介于纯公共物品和私人物品之间的一种物品。

农村公路社会效益特征明显而经济效益特征相对匮乏。世界银行在一项研究中采用竞争潜力、属性特征、成本回收潜力、公益性义务及外延效应五项指标评价各类公共服务及设施的商品性（可销售性），并以商品性指数作为综合评价值进行了量化评价，最低值为1，最高值为3。研究结构显示：干线公路的商品性指数为2.4，表明它们具有较强的商品性；农村公路的指数值为1，表明它们的商品性最低，近乎纯公共物品[①]。农村公路属于纯公共物品的范畴，具有纯公共物品的一些特性如下。

（1）非排他性。非排他性是指不管人们是否付费，都不能排除其对该物品的消费。公共物品的非排他特点表现在两个方面：一是在技术上不易排斥众多的受益者（如灯塔）；二是即使存在技术上的排他性，但排他成本十分昂贵，甚至在经济上远远超出了所得到的回报，排他也失去了意义，那么就没必要进行排他。农村公路属于后者。农村公路连接广大农村的千家万户，具有有别于干线公路的特点，即出入口和交叉口多且不易封闭。农村公路一旦存在，就不能排斥消费者进行消费或者说要把在经济上受益而不付费的人排除在外是很困难的，甚至是不可能的，因此国内外的农村公路基本不收费，也就意味着不愿排他（极少数具备收费公路标准的县道除外）。

（2）非竞争性。非竞争性是指某人对公共物品的消费并不影响他人对该物品的消费，即增加一个消费者的边际成本为零。农村公路在消费上不具有竞争的特性，在任意给定的产出水平下，增加一个人或一辆车不会减少农村公路的使用或影响其他人使用，也就是说，每个消费者的消费都不影响其他消费者的消费数量和质量，即增加一个消费者的边际成本等于零。所以说农村公路具有非竞争性。当然，当农村公路处于交通量饱和状态时，每增加一辆车或一个人，就会妨碍其他车辆或个人对该段农村公路的使用。但由于农村公路网是干线公路网的分支部分，所起到的是"毛细血管"作用——集散和网络末梢的出入道路作用，因此农村公路一般不会发生交通量达到饱和的情况，可以说农村公路具有相当的非竞争性。

（3）效用的不可分割性。这是指农村公路在一组使用者之间是不可分割的，也就是说农村公路是向整个农村社会提供的，具有共同受益或

---

① 萧赓. 关于公路经济属性问题的若干思考 [J]. 公路，2003（8）：118–120.

联合消费的特点。其效用为全体社会成员所共享，而不能将其明确分割为若干部分分属于不同使用者。但是，农村公路也不等同于国防这种完全不可分割的纯公共物品，它具有一定的区域性，即一个地区的人不会直接受益于其他地区的农村公路网（虽然存在间接收益）。

农村公路属于纯公共物品的范畴，这就决定了它的供给不能完全依靠竞争性的市场。一方面，这是因为非排他性使农村公路无法从技术上排他，"免费搭车"问题不可避免，私人部门投资农村公路的成本就不可能通过市场得到补偿，如果完全依靠私人投资农村公路会导致低效率。另一方面，非竞争性使新增一个消费者的边际成本等于零，这就意味着，如果按边际成本定价，农村公路必须免费供给，使私人部门供给农村公路的成本无法补偿。农村公路属于"市场失灵"的投资领域，利用市场机制无法实现农村公路的充分供给，必须借助于政府的力量。因此，在我国农村公路建设过程中，政府应当是农村公路资金供给的最主要力量。

3.2.3 农村公路投资主体确定为哪级政府分析

由于农村公路的基础性、公共性，政府作为农村公路的投资主体在理论界基本达成共识。但应把哪级政府作为投资主体在理论界是有争议的。目前主流的观点认为，农村公路属于俱乐部公共产品，应该由各级地方政府承担供给主体的责任。

《农村公路建设管理办法》第四条具体规定：农村公路建设应当由地方人民政府负责。其中，乡道由所在乡（镇）人民政府负责建设；在当地人民政府的指导下，村道由村民委员会按照村民自愿、民主决策、一事一议的方式组织建设。虽然法律和规定已经明确了农村公路的承担主体，但有学者如刘勇、张庆（2007）从分税制改革后分析出，农村公路财力主要集中于中央和省两级，县乡财政普遍困难的角度，提出中央政府或者省级政府应成为农村公路建设的投资主体。

确定投资主体为哪级政府不能仅考虑受益范围，更重要的是要考虑以下几个因素：一是政府间的职责划分；二是哪一级政府支出更有效；三是政府的财力状况。根据政府间职责划分的原则，中央政府负责稳定政策、再分配政策的实施，地方政府负责受益范围存在于某一区域的地方公共产品的实施。近年来，城乡居民收入的绝对值在拉大，各年份相对值也都超过往年的 3 倍。同时，我国目前社会经济区域发展差距大，东、中、西部地区经济发展极不平衡，农村问题、区域发展不平衡问题已经成为我国目前主要的社会问题。只有中央从全局着眼，通过政策的倾斜，才能最终达到财富的均等化。政府对基础设施的投资，其实是一种财富的分配，中国目前二元社会结构扩大化，与前一时期交通基础设施城乡、区域配置不均等有着必然的联系。大量的基础设施投资于城市及发达地区，这种公共基础设施投入上的差异加剧了中国区域和城乡之间的经济发展差距。农村公路作为基础设施，政府可以以农村公路的投资为契机，改变基础设施的分配格局，缩小城乡差距，促进城乡和地区经济的协调发展。

农村问题、区域均衡发展问题都是当前中国的一个重要问题，从社会稳定、再分配职能、解决的效率及中国财力分配状况看，都应由中央政府承担农村公路的投资主体。如果将中央政府定位为农村公路的投资主体，大量的财政资金将通过转移支付进行，建立规范的农村公路财政资金转移支付制度亟须被提到日程上来。

第4章

建立基于受益税的
农村公路专项基金

4.1 建立农村公路专项基金的必要性分析

前几章分析了农村公路资金方面的突出问题在于资金来源欠缺、资金来源不规范。近年来，农村公路的发展呈现大规模增长趋势，然而农村公路筹资困难问题也越来越突显，农村公路的后续发展亟须寻求稳定可靠的资金来源作保障，因此本章提出建立农村公路专项基金的必要性。

4.1.1 农村公路专项基金将解决建养资金欠缺问题

农村公路的大规模发展需要可靠稳定的资金来源，农村公路专项基金以国家财政作后盾，解决农村公路建设和养护资金欠缺的问题。20世纪90年代以来，欧盟设立结构基金，对经济落后的成员方给予数千亿欧元的援助，解决了资金来源不足的问题，缩小了地区差异，促进了均衡发展。2005年以来，财政部和国务院扶贫办在全国14个省份14个贫困村试点相继推广这一模式①。根据国内外实践证明，基金对于解决财政资金对农业农村投入不足、缓解农村信贷资金严重短缺、增强农村造血功能、提高农村自我发展能力发挥重要作用。

4.1.2 农村公路专项基金将规范农村公路资金来源

长期以来，地方政府作为农村公路投资主体，很难支撑农村公路的建养需求。地方政府财力有限，加之费改税后，地方政府失去了公路规费这一资金来源渠道，乡镇政府作为最基层的行政机构，其财政收入主要来源于有限的农业税收和乡镇企业税收，取得的转移支付数额比较少，相当多的乡镇政府都无法满足农民群众对农村公路日益增加的需求。

因此，长期以来，我国没有规范的农村公路建设和养护资金来源，而设立农村公路专项基金将规范农村公路的建养资金来源。农村公路专项基金以国家财政作保障，基金来源专一稳定，相对于原来分散、缺乏的资金渠道，农村公路专项基金更能满足农村公路的建养资金需求，彻底解决农村公路资金来源不规范问题。

4.1.3 农村公路专项基金将解决中央和地方财权事权的匹配问题

农村公路专项基金的资金来源与支出，由中央政府全权负责，其收入是以国家税收作为资金来源，由中央统一管理；其支出也是由中央根据全国的农村公路发展规划进行资金分配。农村公路专项基金的建立，中央政府将作为农村公路投资主体，财力丰裕，统一管理农村公路专项基金，地方政府的事权部分上移至中央政府。这就解决了中央和地方财权事权的匹配问题，缓解了地方政府投资农村公路的压力。

建立农村公路专项资金对于解决农村公路建养资金欠缺、资金来源

---

① 陈小梅. 贫困村互助资金试点工作调查［J］. 青海金融，2011（12）：57－59.

不规范及中央和地方财权事权不匹配的问题能起到重要作用。农村公路的大规模发展已经是不可阻挡的趋势，农村公路发展的关键是要提供稳定的资金来源。先前散而少的资金机制阻碍了农村公路的大规模发展，只有建立稳定的专项基金才能使农村公路的建养顺利进行。大规模的农村公路建养资金需要规范资金来源渠道，因此建立农村公路专项基金能够有效解决目前农村公路资金存在的问题。

4.2　受益税理论分析

上述部分提出建立农村公路专项基金，可以有效解决农村公路资金来源不足及不规范问题。本部分从受益理论出发，建立一套农村公路专项基金来源的方案，从而更好地指导农村公路专项基金的筹集。

4.2.1　受益原则理论

1. 受益原则的理论基础——利益说

受益原则是将纳税人从政府公共支出中所获得的利益大小作为税收负担分配的标准。受益原则的理论依据是政府之所以能向纳税人课税是因为纳税人从政府提供的公共物品中获得了利益，因此税收负担在纳税人之间的分配只能以他们的受益为依据，受益多者多纳税，受益少者少纳税，受益相同者负担相同的税收，受益不同者负担不同的税收。

受益原则的理论基础是利益说，起源于 18 世纪资本主义初期，由国家契约主义的发展而逐渐形成。该学说由重农学派提倡，自斯密以后成为英国传统学派的主张，主要代表人物是英国的栖聂和法国的巴斯德。该学说以自由主义的国家观为基础，认为国家和个人是各自独立平等的实体，因国家的活动而使公民受益，公民则应当向国家提供金钱，国家向公民提供利益和公民的赋税实质上是一种交换关系，这样税收就演化为政府所提供公共产品和服务的价格。个人根据自身偏好对公共产品作出评价，并根据个人的边际效用来付款；政府则根据所提供公共产品的成本和个人的边际效用来征收赋税。

2. 受益原则的使用范畴

受益原则的使用范畴为准公共产品。社会产品按照其在消费中的不同性质可以分为私人产品、公共产品和准公共产品。私人产品最有效的消费方式是由市场提供，也就是说由消费者通过购买取得消费权，其成本通过收费（价格）来弥补。纯公共产品由其特性决定了它的最佳消费方式是由政府免费向社会公众提供，其成本通过税收来弥补。弥补纯公共产品成本的税收大多采用能力原则，这与税收义务说是一致的。义务说又称为牺牲说，起源于19世纪英国所倡导的税收牺牲说，后经德国社会政策学派的瓦格纳进一步完善。义务说强调国家的权力，认为国家与人民的关系是主从关系，国家可以强制人民纳税，人民纳税是对国家应尽的义务。准公共产品是指非竞争性和非排斥性不完全或不充分的公共物品，它兼具公共产品和私人产品的部分性质。准公共产品主要包括价格排他公共产品、拥挤性公共产品和外部性公共产品三类。

价格排他公共产品最典型的例子是路桥，路桥既可以通过设立收费站收费来弥补路桥的建设和维护成本，也可以运用受益税来弥补其成本。消费方式选择的关键取决于税收成本、税收的效率损失与收费成本、收费的效率损失之间的比较。税收成本取决于税务机关的工作效率，税收的效率损失取决于征税的方式。收费成本和收费的效率损失由收费的难易程度及产品需求曲线的弹性决定，由于收费缺乏权威性，收费的难度很大。我国公众的收入水平低，需求弹性较大，收入的使用缺乏规范性和约束机制，因此造成收费成本较高，收费的效率损失较多。实际上，在价格排他条件下，收费最能体现受益原则，但是我国现时期的收费在很大程度上是按照能力原则来运作的，这严重背离了收费的基本理论依据（受益原则）。在此背景下，"清费立税"也就成为我国政府的必然选择，而开征燃油税以替代不规范的道路收费就是这项工作的一部分。

拥挤性的公共产品是指那些因拥挤而带有竞争性的公共产品。这类产品表面上具有非排斥性，但是如果配置一些技术设备或附加一些技术因素，也可使之具有排斥性，也就是说它将转化为价格排他公共产品，这样对它按受益原则征税或收费就成为可能。

受益原则最适用于准公共产品领域，特别是价格排他公共产品。

3. 受益原则的局限性

纳税人从政府提供的公共物品中受益的程度和受益大小难以确定。每个纳税人从公共物品中受益多少的信息常常难以获得，如果让公共物品的受益者自己报告，则由公共物品特征决定的"搭便车"心理会使他们刻意歪曲自己的受益情况，进而隐瞒真实信息，那么受益原则就无法实现受益与代价的对等，这是受益原则的一个重要局限。

受益原则的另一个重要局限在于，它假设市场的分配是公平的，但是实践中不能实现完全的分配公平。如社会福利支出的受益人主要是低收入人群和残疾人，在他们纳税能力很小甚至是没有纳税能力的情况下，根据受益原则应该向他们多征税，这显然有悖于公平。因此，受益原则不能解释各种社会福利支出的税收来源问题。

这些不足之处局限了受益原则的应用，受益原则不具有普遍意义，但这并不排除其在特定场合的运用。例如，成品油消费税、车船使用税就是受益原则的典型例证。

4.2.2 受益税理论基础

税收筹集资金支持某些产品或服务的生产应满足这样一个条件：产品或服务的边际效益等于其边际成本。如果每一个人在边际上付出的成本能够与他得到的好处相对应，那么从整个社会来看就必然会实现社会边际成本与边际效益相等，使政府所提供的产品或服务达到最佳配置。这一思想产生了受益税（benefit taxation），即按受益原则征收的税。

受益税所依据的受益原则本质上要求模拟市场的价格机制来征税，

通过一种类似于交换的方式来筹集资金。只要这一方式是可行的，它就可以实现效率准则提出的要求。对于那些能够在某种程度上确定个人的受益量，但采取收费方式有困难的情况，可用受益税去取代价格或使用费。例如，公路的直接受益者是使用公路的行人和车辆，可在公路上设立关卡进行收费。但在公路网错综复杂、范围很广的情况下，收费可能成本很高。一种代替方法是向一些与公路相关的补充产品，例如，汽油、车辆、轮胎等产品征税，这些产品的消费量与公路使用量有关，向这些产品征税可以作为公路收费的一种近似的替代方法。公路的间接受益者可能是公路沿线的房产和地产的所有者，由于交通状况的改善，房产和地产就会增值。这时，谁受益是可以辨认的，受益程度也是可以测定的（房产和地产的增值幅度）。因此，在沿途征收财产税也可以作为收费的一种替代方法。

特定受益税是为政府提供的可以鉴别各受益者受益量大小的产品或服务筹集资金的税收。要使这种税收有助于实现效率，使该产品的效益和成本能进行直接比较，以边际效益和边际成本的等量关系来决定该产品的提供量就必须规定这一税收的专门用途，就像电冰箱的收入用于电冰箱的再生产一样，公路的受益税就应用于公路的再建设。这种用于指定项目的税收被称为专项税（ear-market tax），即让一个项目的收入与支出形成直接的对应关系，有助于人们确定该公共项目的合理提供规模。

受益税作为一种交换关系或市场交易过程，很好地实现了受益与代价的对等，不仅可以有效确定政府提供公共产品和服务的合理规模，而且可以改进个人的福利水平，实现有效的资源配置，这就是受益原则强大生命力的根本所在。受益税理论主张应当按照"受益原则"征税，国家取自于每一个纳税人的税收应当同他得自于公共劳务的利益相等。

4.3　建立基于受益税的农村公路专项基金的可行性分析

上述分析了建立农村公路专项基金的必要性及受益税理论，为建立基于受益税的农村公路专项基金提供理论依据。本部分将从受益税种及受益税额结构着手，分析建立基于受益税的农村公路专项基金在经济上是否可行。

4.3.1　现行的农村公路基金来源情况分析

目前，国家征收的车辆购置税（车购税）基本上属于公路建设的专项资金，属国家预算内资金。车购税起源于1985年国家开征的车辆购置附加费，当时属预算外资金，由交通部负责征收和管理。2000年后改为车购税，属国家预算内资金，但仍由交通部负责管理使用。交通部每年从车购税资金中划出一定数量作为专项资金用于农村公路建设，2006年交通运输部颁布的《中央车购税投资补助农村公路建设计划管理暂行办法》中提到，中央车购税投资补助安排通达工程、乡镇客运站、渡口改造等农村公路建设项目。该项资金在农村公路建设资金总投资中所占比例不高，但对于引导地方资金投入，激发农村居民建设公路的积极性，促进地方加快农村公路建设的作用十分明显。根据《车辆购置税收入补助地方资金管理暂行办法》第五条，车购税资金的支出范围包括以下内容：交通运输重点项目；一般公路建设项目；普通国省道灾毁恢复重建项目；公路灾损抢修保通项目；农村老旧渡船报废更新项目；交通运输节能减排项目；公路甩挂运输试点项目；内河航道应急抢通项目；老旧汽车报废更新项目；国务院批准用于交通运输的其他支出。从中可以看出，车购税用于农村公路建养只是一小部分，仅靠车购税作为公路建设专项基金，在提供农村公路投资的资金量上存在不充足性，且由于地方权利与义务不匹配，最终没有形成规范的公路专项基金。本章研究的农村公路专项基金是致力于农村公路的资金来源的规范性、合理性和充足性。

财政部、交通运输部于2021年3月修订的《车辆购置税收入补助地方资金管理暂行办法》第五条车购税资金的支出范围包括：国家高速公路和普通国道支出；界河桥梁（隧道）、边境口岸汽车出入境运输管理设施、国家级口岸公路支出；普通省道、农村公路支出；综合交通运输支出；重要内河水运支出；重大自然灾害影响的交通运输安全应急保障支出；交通运输智能化信息化支出；国务院批准同意用于交通运输的其他支出。农村公路支出仍然只是占有车购税的一小部分。

2011 年 4 月 24 日，国家发展改革委、财政部、交通运输部《关于进一步完善投融资政策促进普通公路持续健康发展的若干意见》提出，应当坚持政府主导，提高公共财政保障能力，以财政性资金为主解决普通公路投入问题。这意味着财政性资金将主要用于普通公路建设与养护，农村公路就是普通公路的主要部分。

从 2009 年实行成品油价格与税费改革后，投入公路建设项目的财政资金可划分为中央和地方财政拨款资金、国债专项资金、车辆购置税和成品油消费税改革新增的财政收入分配形成的用于公路建设的交通专项资金，以及其他用于公路建设的财政性资金。下面分别介绍目前用于农村公路建设的部分资金情况。

1. 车辆购置税资金

目前用于公路建设的各项财政性资金中，车辆购置税分配形成的交通专项资金，属于公路建设主要获取的财政性资金。由于 2009 年和 2010 年我国汽车工业的快速发展及车辆销售的快速增长，导致征收的车辆购置税呈现了快速增长的态势。2010 年全国增收车辆购置税 1792 亿元，比 2008 年的 890 亿元翻了一番。但伴随着汽车销售增长速度的逐步回落，2011 年征收的车辆购置税仅比 2010 年增加了 14.06%，征收车辆购置税为 2044 亿元。[①] 在开征初期，车辆购置税的前身，车辆购置附加费的主要用途是国家干线公路和重要的省级干线公路建设。从 2002 年开始，伴随着建设社会主义新农村的要求和对农村公路建设关注力度的加大，交通部开始逐步将越来越多的车辆购置税专项资金用于农村公路建设。

---

① 齐小翠. 基于受益税的农村公路专项基金方案研究 [D]. 西安：长安大学，2013：25.

虽然投入农村公路建设的车辆购置税专项资金呈增长趋势，但是在2010年公路基本建设到位资金中，车辆购置税专项资金仅占13%的比例还是难以满足农村公路的投资需求①。而且从2011年开始，车辆购置税的适用范围开始扩大到内河基础设施建设项目，这也会减少对农村公路的投资。

2. 成品油税费改革交通资金

国务院决定自2009年1月1日起实施成品油税费改革，取消原先在成品油价外征收的公路养路费、航道养护费、公路运输管理费、公路客货运附加费、水路运输管理费、水运客货运附加费等六项收费，逐步有序取消政府还贷二级公路收费。

成品油税费改革后，市根据省下达的各类资金规模结合市本级融资平台筹措的资金加大对全市交通建设的投入，合理安排切块基数。市从省安排本市的燃油税切块基数资金中切块给县（区、市），并随省增长比例同比例增长，主要用于农村公路、航道的养护和站场、码头建设及维护。其中，用于农村公路大中修和养护等专项资金必须专款专用。市每年根据农村公路路况下达农村公路大中修工程和农村公路养护计划目标，并对计划目标完成情况和县（区、市）资金投入水平进行考核，未完成计划目标的，市将在下一年度扣减相应的专项资金。县（区、市）燃油税切块基数资金作为县（区、市）交通建设的自有财力，必须专项用于交通发展，原则上不得用于人员支出。县（区、市）财政确有困难的，从2009年起，三年内可从切块基数资金中适当安排涉改人员的安置支出。

从2009年开始，成品油价格与税费改革形成的新增财政收入，取代了以前的公路养路费和公路客货运附加费，成为公路建设新的资金来源。但是成品油税费改革交通专项资金中能够用于公路建设的资金，一般不会超过20%。

---

① 资料来源：《2010年公路水路交通运输行业发展统计公报》。

3. 财政一般预算资金

根据《农村公路建设管理办法》等相关法律法规，农村公路县道和乡道的建设养护主体是地方政府，地方政府有义务对农村公路建设和养护资金不足的部分进行补助。但实际上，由于地方财力有限，在地方一般预算支出中，投入农村公路建设中的资金占比不高。[①]

因此，现行的农村公路专项基金来源不集中，资金量较少，而且资金投入不规范，虽然其存在车辆购置税专项资金、成品油税费改革交通专项资金和财政一般预算资金，但是在整个农村公路到位资金中所占比重并不高，难以满足农村公路投资需求。因此有必要建立一个完善规范的农村公路专项基金，以满足农村公路的投资需要。

4.3.2　税收的稳定性分析

税收是一个古老的财政范畴，它随着国家的出现而出现。马克思说："国家存在的经济体现就是捐税。"[②] 列宁说："所谓赋税，就是国家不付任何报酬而向居民取得东西。"[③] 税收在国家政治、经济生活中起着越来越重要的作用。税收从本质上说是一种政府行为。国家凭借其政治权力，无偿地征收实物或货币以取得财政收入的一种工具。

从公共产品理论角度分析，税收是公共产品的价格。布坎南认为税收是个人支付的由政府通过集体筹资所提供的商品与劳务的价格。应该说，我们所享受的政府公共产品，实际上是因为我们作为纳税人支付了税收，公共产品才能得以提供。所以，税收是公共产品的价格。这里所强调的是政府与纳税人之间的一种利益交换关系。

---

①　齐小翠．基于受益税的农村公路专项基金方案研究 ［D］．西安：长安大学，2013：25.

②　［德］卡尔·马克思，［德］弗里德里希·恩格斯，著．马克思恩格斯全集（第19卷）［M］．中共中央马克思恩格斯列宁斯大林作编译局，译．北京：人民出版社，2006：342.

③　关于粮食税的报告// ［苏］列宁，著．列宁全集：第34卷（第二版）［M］．北京：人民出版社，1955：264－294.

从法学角度分析，税收又是以法的形式存在的，"法律上税的概念是指，作为法律上的权利与义务主体的纳税者（公民），以自己的给付使用于宪法规定的各项权利为前提，并在此范围内，依照遵从宪法制订的税法为依据，承担的物质性给付义务。"①

在现代经济中，税收是国家公共收入最重要的来源。公共收入（public revenue）亦称财政收入或政府收入，是指政府为履行其职能而筹集的一切资金的总和。王传纶、高培勇在《当代西方财政经济理论》中结合众多西方学者对税收的理解，给出税收的如下定义：税收是政府为实现其职能的需要，凭借其政治权力，并按照特定的标准，强制、无偿地取得公共收入的一种形式。他们认为税收是政府取得公共收入的最佳形式。目前，大部分国家财政资金中80%来自税收。②

税收具有强制性、无偿性和固定性三大特点，税收的强制性是以税收法律法规的形式来表现的，具有极大的严肃性和广泛的约束力。税收的无偿性和固定性也使得税法存续期内具有稳定、连续的法律效力。税收的三大特点及其规模性使它成为政府筹集财政收入的最稳定、最重要的来源。

4.3.3　基于公路的受益税种分析

本部分研究的目的是从受益于公路的税种中提取一定比例来作为农村公路的专项基金，那么首先要确定，在国家征收的税种中哪些是受益于公路的税种。

本部分对目前全国征收的二十种税种进行分析，根据受益税理论，从国家税种中选取受益于公路的税种。我国目前征税的税种分为增值税、消费税、进口货物增值税和消费税、出口货物增值税和消费税、企业所得税、个人所得税、资源税、城市维护建设税、房产税、印花税、城镇土地使用税、土地增值税、车船税、船舶吨税、车辆购置税、关税、耕

---

① 蔡昌. 税收原理［M］. 北京：清华大学出版社，北京交通大学出版社，2010.
② 王传纶，高培勇. 当代西方财政经济理论［M］. 北京：商务印书馆，1995：161.

地占用税、契税等。本章节以直接受益于公路和间接受益于公路为标准来具体分析受益于公路的税种。

1. 以直接受益于公路为标准

直接受益的含义是指不经过中间事物，直接从某种对象中获益。那么直接受益于公路即指不经过中间事物，直接从公路中获益，进而根据其获益程度和大小缴纳税收。按照税种的征收范围和征收对象来分析，凡是对汽车、摩托车等车辆、油及汽车配件进行征税的税种一般应纳入直接受益于公路的税种中。国家税种中涉及车辆、油及车辆配件的有增值税、消费税、车辆购置税和车船税。下面分别对这五种税种进行受益性分析。

（1）增值税中直接受益于公路的税种。

增值税是对商品生产、流通、劳务服务中多个环节的新增价值或商品的附加值征收的一种流转税，国内增值税已经成为中国最主要的税种之一。2016年3月24日，财政部、国家税务总局向社会公布了《营业税改征增值税试点实施办法》。经国务院批准，自2016年5月1日起，在全国范围内全面推开营改增试点，建筑业、房地产业、金融业、生活服务业等全部营业税纳税人被纳入试点范围，由缴纳营业税改为缴纳增值税。根据2008年11月5日国务院发布的《中华人民共和国增值税暂行条例》的规定，在我国境内销售货物或者提供加工、修理修配劳务及进口货物，都属于增值税的征收范围。这里的货物包括有形动产，以及电力、热力和气体。

从公路受益中看，对交通运输设备制造业（包括汽车制造和摩托车制造）、成品油制造业、石油和汽车及配件批发等征收的增值税，是从公路中直接受益的税种。根据受益税理论，汽车、摩托车等在公路上行驶，是从公路这一公共物品上得到便利，同时也会对公路造成不同程度的破坏，而汽车摩托车在公路上行驶是依托石油制造业及汽车和摩托车配件等制造业，那么理应为这一便利和破坏支付成本，这一成本即以受益性税收的形式征收，即对交通运输设备制造业（包括汽车制造和摩托车制造）、成品油制造业、石油和汽车及配件批发等征收的增值税。

因此，现行增值税子税种中，其中直接受益于公路的税种包括：对交通运输设备制造业（包括汽车制造和摩托车制造）、成品油制造业、石油及汽车配件批发等征收的国内增值税。

2013 年 5 月，财政部和国家税务总局联合印发《关于在全国开展交通运输业和部分现代服务业营业税改征增值税试点税收政策的通知》，其中规定：经国务院批准，自 2013 年 8 月 1 日起，在全国范围内开展交通运输业和部分现代服务业营改增试点。《交通运输业和部分现代服务业营业税改征增值税试点实施办法》第一章第一条规定：在中华人民共和国境内提供交通运输业和部分现代服务业服务的单位和个人，为增值税纳税人。纳税人提供应税服务，应当按照本办法缴纳增值税，不再缴纳营业税。从公路受益来看，对交通运输业征收的增值税的缴纳者从交通运输业受益，那么也就应该为这一利益付出相应的成本，依据受益税理论，国家取自于每一个纳税人缴纳的受益于公路的税应当同他得自于公路的利益相等。

（2）消费税中受益于公路的税种。

消费税是对我国境内从事生产、委托加工或进口应税消费品的单位和个人，就其销售额或销售数量，在特定环节征收的一种税。从消费税的具体征收项目来看，我国选择了五种类型的 11 种消费品作为消费税的征收范围：第一类是一些过度消费会对人身健康、社会秩序、生态环境造成危害的特殊消费品，包括烟、酒及酒精、鞭炮和焰火；第二类是非生活必需品中的一些奢侈品，包括化妆品、贵重首饰及珠宝玉石；第三类是高能耗及高档消费品，包括摩托车、小汽车；第四类是不可再生且不易替代的稀缺性资源消费品，包括汽油、柴油；第五类是一些税基宽广、消费普遍、征税后不影响居民基本生活并具有一定财政意义的消费品，包括汽车轮胎。

从公路受益来看，现行消费税子税种中，其中直接受益于公路的税种包括第三类、第四类和第五类中的税种，对其进行总结即：对原油开采业、成品油制造业、交通运输设备制造业（包括汽车制造和摩托车制造）征收的消费税。

对成品油制造业征收的消费税（原称为"燃油税"）是直接受益于公路的税种。燃油税是对燃油、燃气在生产、批发或者零售环节征收的专项性税收，主要体现了"用路者缴税，多用路者多缴税"的原则。燃油税具有受益税属性，是公路用户根据其对公路的使用程度而负担的使用费，而燃油消耗就是衡量其对公路使用程度的标志，耗油越多证明其对公路使用的程度越多。因此，包含在油价中上缴的燃油税就随之增多，对公路建设和养护所尽的义务也就越多。2008年12月18日，国务院发布《国务院关于实施成品油价格和税费改革通知》，其中关于成品油税费改革的内容规定为：提高现行成品油消费税单位税额，不再重新设立燃油税。第四条关于征收机关、征收环节和计征方式：成品油消费税属于中央税，由国家税务局统一征收（进口环节继续委托海关代征）。这一改革通知的发布，表明我国开始以消费税的形式征收燃油税。

同样的，对交通运输设备制造业（包括汽车制造和摩托车制造）征收的消费税也属于直接受益于公路的税种。汽车和摩托车能在公路上行驶受益于公路的建设，如果没有公路，就谈不上车辆的顺利通行，因此，公路给车辆的顺畅通行带来了便利。然而，汽车和摩托车的行驶在不同程度上会给公路带来损失，这就需要养护成本。汽车和摩托车在公路上行驶要为行驶的便利及带来的损失付出成本，这些成本就以缴纳汽车、摩托车消费税的形式表现出来。因此，对交通运输设备制造业（包括汽车制造和摩托车制造）征收的国内消费税即为直接受益于公路的税种。

因此，现行消费税子税种中直接受益于公路的税种包括：对原油开采业、成品油制造业、交通运输设备制造业（包括汽车制造和摩托车制造）征收的消费税。

（3）车辆购置税。

车辆购置税是以在中国境内购置规定的车辆为课税对象，在特定环节向车辆购置者征收的一种税。其征收范围是汽车、摩托车、电车、挂车和农用运输车，交纳车辆购置税的车辆都要在公路上行驶。根据受益税理论，这些车辆是直接受益于公路的，因此以直接受益税的形式征收车辆购置税的方式应用于公路的建设和养护。

2011 年 3 月，交通运输部印发了《车辆购置税用于交通运输重点项目专项资金管理暂行办法》的通知，规定车购税专项资金的使用范围包括纳入交通运输行业规划范围的公路（含桥梁、隧道）建设、公路客货运枢纽（含物流园区）建设、内河水运建设及国务院和财政部批准的其他支出。专项资金按项目管理，实行财政专项转移支付，不得用于平衡一般财政预算。车辆购置税的征收与该地区的车辆保有量成正比例关系，与地区经济发展水平和收入水平相关。《车辆购置税用于交通运输重点项目专项资金管理暂行办法》的推出意味着国家已经将车辆购置纳入交通运输专项基金中，从政策上表现出车辆购置税是直接受益于公路的。

（4）车船税。

车船税是指在中华人民共和国境内的车辆、船舶的所有人或者管理人按照中华人民共和国车船税暂行条例应缴纳的一种税。随着经济的发展，社会拥有车船的数量急剧增加，开征车船税后，购置、使用车船越多应缴纳的车船税越多，促使纳税人加强对自己拥有的车船管理和核算改善资源配置合理使用车船。与车辆购置税类似，车船税直接受益于公路，也要反哺于公路。

通过对国家征收税种的逐一分析，得出直接受益于公路的税种包括：对交通运输设备制造业（包括汽车制造和摩托车制造），成品油制造业，石油及汽车配件批发等征收的增值税；对原油开采业、成品油制造业、交通运输设备制造业（包括汽车制造和摩托车制造）征收的消费税；对交通运输业中的陆路运输征收的营业税；车辆购置税；车船税。

2. 以间接受益于公路为标准

间接受益是指必须经过中间媒介，才能从某种对象中获益。间接受益于公路是指间接使纳税人从公路中受益，必须借助沿线土地等中间媒介才能产生关联，所缴纳的受益税也是以沿线土地等媒介增值的形式缴纳的。

公路建设占用了大量土地，同时也改变了沿线土地的利用方式，致使土地产生不同程度的增值。由于公路是产业区位选择不可缺少的依托，因此随着公路的建设，原用于农业的土地转向工业、商业、旅游等行业，进而吸引了大量新资本投入公路沿线的土地开发中，产生集聚经济效益。集聚经济效益是指由于劳动和资本等生产要素的集中所产生的经济效益，这种集聚正是由于公路的建设使得沿线土地的利用方式转为工业、商业、旅游等行业，吸引了大量的劳动和资本等生产要素的集中，沿线土地价值大为增加。不仅如此，这种新的土地利用方式也将大大提高公路沿线的地租，从而使沿线土地大大增值。

按照税种的征收范围和征收对象来分析，凡是由于公路的建设而使土地、房产增值的税种应纳入间接受益于公路的税种中来。涉及土地或房产增值的税种包括：城镇土地使用税、土地增值税、耕地占用税、房产税和印花税。下面分别对这五种税进行间接受益性分析。

（1）城镇土地使用税。

城镇土地使用税是对使用应税土地的单位和个人，以其实际占用的土地面积为计税依据，按照固定税额计算征收的一种税，其征收范围是城市、县城、建制镇和工矿区。建制镇和工矿区等地的土地价值是依托于当地公路的建设实现的。公路的建设使当地成为繁华城镇和工业矿区，所以城镇土地使用税是间接受益于公路的税种。

（2）土地增值税。

土地增值税是对有偿转让国有土地使用权、地上建筑物及其他附着物，并取得增值效益的单位和个人征收的一种税。同城镇土地使用税类似，征收土地增值税的土地能够实现土地增值是由于公路的建设带来了大量的劳动力和资本的输入。如果当地没有公路，土地没有得到开发利用，土地永远用于农业生产，那么它的价值就保持在一个程度上，不会增值。纳税人通过土地增值从公路的建设中受益，土地增值税是间接受益于公路的税种。

（3）耕地占用税。

耕地占用税是国家对占用耕地建房或者从事非农业建设的单位和个人，依其占用耕地的面积，按照规定税额一次性征收的一种税。所谓耕地，是指用于种植农作物的土地，如果将占用的土地用于建房或者从事非农业建设，就要缴纳耕地占用税。这是由于当公路对沿线土地的利用方式发生转变，例如，将农业转工业，就会产生集聚经济效益，使得沿线土地增值，这种土地增值正是由于公路的建设。因此，缴纳耕地占用税的纳税人从公路中受益，是借助沿线土地这一中间媒介产生关联的，所以耕地占用税是间接受益于公路的税种。

缴纳间接受益税的纳税人是通过土地增值等作为中间媒介，间接受益于公路，因此以土地增值作为媒介的间接受益于公路的税种包括：城镇土地使用税、土地增值税、耕地占用税。

（4）房产税和印花税。

除了以土地增值为媒介受益于公路，还有以房产增值和其他方式来间接受益于公路。

房产税是以房产为征收对象，依据房产价格或房产租金收入向房产所有者或经营人征收的一种财产税，其征税范围是指开征房产税的地理区域，即城市、县城、建制镇和工矿区。印花税是以经济活动中签立的各种合同、产权转移书据、营业账簿、权利许可证照等应税凭证文件为对象所征的税，其中涉及公路运输的税目是公路运输合同。

房产税和印花税等是通过房产增值和其他增值方式为媒介受益于公路的，因此房产税和印花税等是间接受益于公路的税种。

通过不同的中介，受益于公路的间接受益税种包括：城镇土地使用税、土地增值税、耕地占用税、房产税和印花税等。

通过受益税种的分析，可以选取出受益于公路的税种。表4-1是受益于公路的直接税和间接税。由表4-1可知，直接受益于公路的税种包括：对交通运输设备制造业（包括汽车制造和摩托车制造）、成品油制造业、石油及汽车及配件批发等征收的增值税，对原油开采业、成品油制造业、交通运输设备制造业（包括汽车制造和摩托车制造）征收的消费税，对交通运输业中的陆路运输征收的营业税、车辆购置税、车船税；间接受益于公路的税种包括：城镇土地使用税、土地增值税、耕地占用税、房产税和印花税。

表 4 - 1   受益于公路的直接税和间接税

分类标准	税种名称
直接受益于公路	对交通运输设备制造业（包括汽车制造和摩托车制造）、成品油制造业、石油及汽车及配件批发等征收的增值税
	对原油开采业、成品油制造业、交通运输设备制造业（包括汽车制造和摩托车制造）征收的消费税
	对交通运输业中的陆路运输征收的营业税
	车辆购置税
	车船税
间接受益于公路	城镇土地使用税
	土地增值税
	耕地占用税
	房产税
	印花税

受益税种类共有十种，在中国整个税种中占一半。充足的税源为农村公路专项基金的资金来源提供了基本保障。为了确定哪些受益税种可以作为农村公路专项基金的资金来源，不仅要从受益税的种类进行分析，还要根据农村公路投资规模，受益强度和受益税额的情况确定，下面就从受益税额的结构展开分析。

4.3.4　基于公路的受益税额的结构分析

本部分对基于公路的受益税额结构分析分为以下三个方面。

首先，从农村公路投资规模分析。由于农村公路的投资规模决定了农村公路专项基金的资金需求。农村公路投资规模越大，需要的农村公路专项基金的资金量就越大。农村公路专项基金的提取资金大于农村公路投资规模，就会造成资金的浪费；如果其小于农村公路投资规模，就会造成资金紧缺，不能完成农村公路的发展要求。因此有必要对农村公路投资规模进行分析。

其次，从受益税种与农村公路的关联度分析。每种受益税额用于农村公路投资中的比例取决于受益税与农村公路的关联度。关联度是两种事物之间的关联程度，用于表征两种事物的相似程度。受益税与农村公路的关联度是指每种受益税受益于农村公路的强度，受益强度越大（关联度越大），从此受益税中提取用于农村公路投资的税额比例越大；相反，受益强度越小（关联度越小），从此受益税中提取用于农村公路投资的税额比例越小。因此，为了确定每种受益税种的提取比例，必须对受益税种与农村公路关联度作出分析。

最后，进行受益税额与农村公路投资规模的对比分析。本部分的目的是探索受益税额与农村公路投资规模的对比，从而寻找两者之间的合理税种及其比例。

1. 农村公路的投资规模分析

对受益税额结构的分析是要确定受益税额总量是多少，从中提取多少比例，而受益税的提取比例是基于农村公路投资量来确定的。在受益税额总量能够满足农村公路投资量的前提下，如果农村公路投资量越大，那么受益税的提取比例就越大；反之，农村公路投资量越少，受益税的提取比例也就越小。因此，在分析受益税额的结构之前，先要对农村公路的投资量这一基数作出统计分析。

交通运输"十二五"发展规划中指出继续推进农村公路的建设：到"十二五"末，公路总里程达到 450 万公里，农村公路总里程达到 390 万公里。农村公路建设的不断推进，对农村公路的投资需求也随之加大。①

图 4 - 1 是 2006 ~ 2012 年农村公路建设总投资情况，从图 4 - 1 可以看出农村公路建设总投资基本呈增长趋势，其中，2007 年增长最为显著，较 2006 年增长 238.95 亿元，2010 年较 2009 年略有下降，但是 2010 年以后一直呈现快速增长趋势，2011 年和 2012 年分别为 2010.13 亿元和 2145.02 亿元。

---

① 交通运输部"十二五"发展规划［Z］. 交通运输部网站，2011.

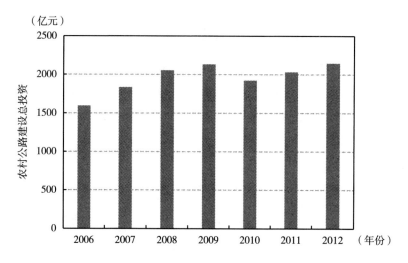

图4-1　2006~2012年农村公路建设总投资情况
资料来源:《2006~2012年公路水路交通运输行业发展统计公报》。

在推进社会主义新农村建设的新形势下,2003~2007年是我国农村公路投资力度最大的五年。中央在农村公路建设中投入车购税资金1022.4亿元、国债资金303亿元,带动地方共计完成农村公路建设投资6486亿元①。2007年,全国农村公路建设的总投资规模首次超过对高速公路的投资额。农村公路获得了长足发展。可以预见,在相当长一段时间内,农村公路仍将保持强劲的发展势头。2009年,全社会共完成农村公路建设投资2132.88亿元,基本与2008年持平(2054.64亿元)。中央继续加大了对农村公路建设的投入,2009年共安排中央投资592亿元,其中安排车购税投资472亿元,较2008年增加199.6亿元。②

在养护方面,"十一五"期间,是我国公路发展史上养护投入规模最大的时期,全国累计用于公路养护工程的资金约8011亿元,国家在"十二五"期间继续加大对农村公路养护投资,"十二五"期间公路养护管理资金需求规模年均超过3000亿元。

---

① 冯正霖. 稳步推进农村公路建设 大力发展农村公路交通 更好地服务于社会主义新农村建设 [Z]. 交通部公路司农村处, 2008.

② 交通运输部召开全国农村公路工作电视电话会议 [EB/OL]. 四川省交通运输厅, 2010-2-26.

图 4 - 2 是 2006 ~ 2011 年农村公路养护支出情况。从图 4 - 2 可以看出，从 2006 ~ 2011 年养护支出呈现明显增长趋势。其中，2006 年和 2007 年的养护支出相比其他年份略微偏低，分别是 884.64 亿元和 1009.26 亿元；2008 年增长最为显著，从 2007 年的 1009.26 亿元增长为 2008 年的 1800 亿元；2009 年到 2011 年以平稳速度增长，均维持在 2000 亿元左右。

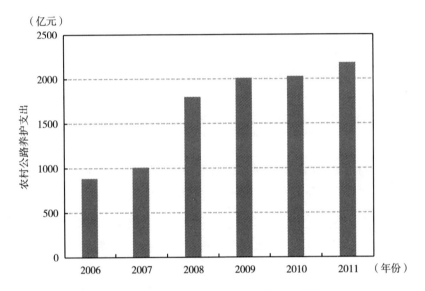

图 4 - 2　2006 ~ 2011 年农村公路养护支出情况

资料来源：2010 ~ 2011 全国养护统计年报。

2. 受益税种与农村公路的关联度分析

受益强度的分析即受益税与农村公路关联度的分析，从理论上看，基于受益税专项基金的提取，受益性越强，提取的比例就应越高。因此，下面将对受益税与农村公路的关联度进行分析。

首先分析直接受益税与农村公路的关联度，本书以车在公路上行驶的里程为中间量来衡量两者之间的关联程度。车辆在公路上行驶的里程越远，对公路的使用程度越大，对公路的损害也越大，根据受益税理论，付出的成本也应该越多，这一成本以直接受益税的形式表现出来。因此，可以得出每种直接受益税所对应的车辆行驶里程越远，从这种直接受益税中提取的用于农村公路专项基金的比例越大。

由于国家对税种是交叉征税，有的对车征税，有的对油征税，但是征收对象都是车。假定油的消耗量与行驶里程成正比，那么车辆行驶里程越远，耗油量越多。从征收对象来看，均可看成是对车征税，对公路的使用及损害程度相同，因此车和油对农村公路的受益强度是同等的。

以车在公路上行驶的里程为中间量，每种受益税对应的车辆行驶里程是相同的（对应同等的耗油量和同等的汽车配件消耗），也就是说每种直接受益税与公路的关联度是相同的。所以，从直接受益税中提取的农村公路专项基金比例也是相同的。

从间接受益税与农村公路的关联度分析，间接受益于公路是指纳税人间接从公路中受益，是必须借助沿线土地等中间媒介才能产生关联，所缴纳的受益税也是以沿线土地等媒介增值的形式缴纳的。间接受益税的关联度就必须考虑沿线土地等媒介的增值程度是多大，并且考虑这种间接的程度是多大，也就是说土地增值在多大程度上需要依靠公路的建设。这种关联度的测算是比较困难的，但可以确定的是，间接受益税是通过土地等增值来间接受益于公路，这种间接性决定了其受益强度是弱于直接受益税与公路受益强度的。

综上所述，直接受益税与农村公路受益强度相同，即关联程度相同；直接受益税的受益强度远大于间接受益税的受益强度。

3. 受益税额与农村公路投资规模的对比分析

本部分通过受益税额与农村公路投资规模的对比，探索受益税额能否满足农村公路投资规模的程度，从而确立计提税种和比例。

首先进行直接受益税额与农村公路投资规模的对比分析。农村公路的投资规模呈现日趋增长趋势，然而直接受益税税额的总量也是相当庞大的，表4-2是2008~2011年全国直接受益税的收入情况。

表 4 - 2　　　　　　　　2008~2011 年全国直接受益税的收入情况　　　　单位：亿元

受益税种类	2008 年	2009 年	2010 年	2011 年
受益于公路的增值税	1216.03	1817.46	2464.33	2585.67
受益于公路的消费税	755.43	2457.22	3071.12	3294.75
受益于公路的营业税	647.53	637.91	759.49	906.61
车船税	144.19	186.51	241.62	301.99
车辆购置税	989.87	1163.91	1792.59	2044.88
合计	3753.05	6263.01	8329.15	9133.91

资料来源：《2009~2012 年中国税务年鉴》。

对表 4-2 的收入趋势进行分析，受益于公路的增值税、消费税、营业税、车购税和车船税呈逐年增长趋势，其中受益于公路的消费税和车购税增长趋势最为明显。从 2008~2011 年，受益于公路的消费税税额分别为 755.43 亿元、2457.22 亿元、3071.12 亿元、3294.75 亿元，四年共增长 336%。从 2008~2011 年车购税税额分别为 989.87 亿元、1163.91 亿元、1792.59 亿元、2044.88 亿元，四年共增长 107%。因此，直接受益税的税额也呈现逐年增加趋势，从 2008 年的 3753.05 亿元逐年大幅增加到 2011 年的 9133.91 亿元，增长 143%。直接受益税的税额庞大，完全可以满足农村公路的投资需求。

对表 4-2 进行税种分析，在直接受益税中，受益于公路的消费税所占比重最大，为 30% 左右。其次是受益于公路的增值税和车辆购置税，所占比重均在 20% 以上。从中国税务年鉴可知，在我国消费税收入中，烟草、成品油和汽车消费税占国内消费税的 90% 以上，构成了国内消费税的主体。2009 年，成品油消费税占国内消费税的比重提高为 42.52%，汽车消费税所占比重为 8.57%。受益于公路的增值税、消费税及车购税这三大税种构成了直接受益于公路受益税的稳定可靠的来源。受益于公路的营业税和车船税相对于另外三种直接受益税的税额偏少，但是其直接受益性也决定了营业税和车船税同增值税、消费税、车购税一样，作为农村公路投资的可靠资金来源。

表 4-3 是直接受益税额与农村公路投资需求的对比情况，从总体来

看，2008～2011 年直接受益税额合计为 27479.12 亿元，农村公路建设和养护投资合计为 16425.73 亿元，直接受益税额总量远远大于农村公路投资总量；从每年来对比，除了 2008 年直接受益税额略小于农村公路总投资，其他年份直接受益税额都远大于农村公路投资总量。因此，直接受益税额完全可以满足农村公路投资需求。

表 4-3　　　　直接受益税额与农村公路投资规模的对比情况　　　单位：亿元

农村公路投资规模	2008 年	2009 年	2010 年	2011 年	合计
农村公路建设投资	2054.64	2132.88	1923.82	2010.13	8121.47
农村公路养护投资	1800.00	2010.00	2029.64	2181.56	8021.20
农村公路总投资	3854.64	4142.88	3953.46	4191.69	16142.67
直接受益税额总量	3753.05	6263.01	8329.15	9133.91	27479.12

资料来源：2008～2011 年交通运输部统计公报；2010～2011 年全国养护统计年报及调研数据。

其次进行间接受益税与农村公路投资规模的对比分析。表 4-4 是 2008～2011 年全国间接受益税与农村公路投资规模的对比情况。从表 4-4 可以看出，2008～2011 年接受益税的增长比较缓慢，分别是 3354.76 亿元、3345.63 亿元、4218.23 亿元、5431.14 亿元，对于农村公路的投资规模来看，除了 2010 年和 2011 年刚刚满足农村公路投资规模，其他年份相差还比较大。2008～2011 年农村公路的投资总量为 16142.67 亿元，间接受益税总税额为 16349.76 亿元，在这一阶段间接受益税也是刚刚满足农村公路投资总量。

表 4-4　　　　　　2008～2011 年全国间接受益税
与农村公路投资规模的对比情况　　　单位：亿元

受益税种类	2008 年	2009 年	2010 年	2011 年	合计
城镇土地使用税	816.89	920.99	1004.01	1222.22	3964.11
土地增值税	537.44	719.55	1278.29	2062.79	4598.07
耕地占用税	—	—	—	—	—
房产税	680.28	803.62	894.06	1102.39	3480.35
印花税	1320.15	901.47	1041.87	1043.74	4307.23
间接受益税合计	3354.76	3345.63	4218.23	5431.14	16349.76
农村公路总投资	3854.64	4142.88	3953.46	4191.69	16142.67

资料来源：2009～2012 年中国税务年鉴；2008～2011 年交通运输部统计公报。

综合上文分析，可以得出农村公路投资与直接受益税和间接受益税的对比情况，如图4-3所示。图4-3表示农村公路投资与直接受益税和间接受益税的对比情况，从图4-3可以看出三点：（1）代表直接受益税额的折线和农村公路总投资的折线相比，前者明显高于后者，除在2008年略低于后者，说明在一般情况下，直接受益税是远远高于农村公路总投资的。（2）代表间接受益税的折线和农村公路投资的折线相比，在2010年前者低于后者，在2011年前者高于后者，表明间接受益税额有可能是低于农村公路总投资的。（3）代表直接受益税的折线和代表间接受益税的折线相比，前者一直高于后者，且相差高度基本呈现增长趋势，表明直接受益税额一直大于间接受益税额，除了2008年相差比较小之外，2009~2011年直接受益税额基本是间接受益税额的两倍。

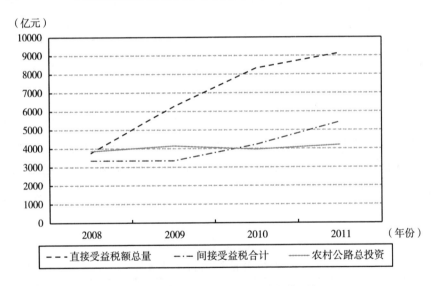

图4-3 农村公路投资与受益税的对比情况

资料来源：2009~2012年中国税务年鉴；2008~2011年交通运输部统计公报。

所以从总体上来看，直接受益税是完全可以满足农村公路投资的，而间接受益税税额相对比较少，并且由于其间接性，受益强度弱于直接受益税，因而从直接受益税中提取部分比例作为农村公路专项基金是可行的。

4.3.5　可行性结论

从受益税种和受益税额结构的分析中，可以看出两点：第一，受益于公路的税种种类多，包括直接受益于公路的对交通运输设备制造业（包括汽车制造和摩托车制造）、成品油制造业、石油及汽车及配件批发等征收的国内增值税，对原油开采业、成品油制造业、交通运输设备制造业（包括汽车制造和摩托车制造）征收的国内消费税；对交通运输业征收的营改增的增值税、车辆购置税、车船税。间接受益于公路的城镇土地使用税、土地增值税、耕地占用税、房产税和印花税等。第二，受益税额巨大。直接受益税额完全可以满足农村公路的投资量；间接受益税相对于直接受益税，税额偏少。

从受益强度考虑，直接受益税的受益性强于间接受益税；从税额总量分析得出，直接受益税额远大于间接受益税额，相差约50%，且直接受益税额已经充分满足农村公路的投资需求。

鉴于上述阐述，本书建议间接受益税不纳入农村公路专项基金中，从直接受益税中提取部分比例资金用于农村公路专项基金，专门用于农村公路建设和养护投资。从以上分析中得出，受益于公路的税种多，税源充足，从直接受益税中提取农村公路专项基金是经济可行的。

4.4　基于受益税的农村公路专项基金的建立方案

依据对受益税理论的分析和对建立基于受益税的农村公路专项基金的可行性分析，本部分提出建立基于受益税的农村公路专项基金方案。

4.4.1　国外农村公路资金来源的经验借鉴

1. 发达国家

在西方发达国家中，美国的交通运输业极为发达，它在全国已经建立起庞大的铁路、公路等运输网，农产品的运输十分便利。美国政府十分重视公共基础设施的建设，联邦政府每年大约支出 300 亿美元用于公路、水利等公共基础设施建设①。

基于农村公路的公共物品的经济属性，其建设发展应以政府为主调控者，通过优惠鼓励政策来促进农村公路的建设。在美国，包括农村公路在内的绝大多数公路是由政府投资建设的，美国的公路建养资金来源渠道主要有：（1）公路使用者税，包括燃油税、重车使用税、车辆注册税及其他税收，这是美国公路建设最主要的资金来源；（2）财产税；（3）通行费。其中，美国地方公路建设的主要资金来源于地方债券，它以地方税收及其他经常性收入作为还债资金来源，而对经济效益好的项目则以项目收入作为还债资金来源。

世界上大多数国家以征收公路使用者税收作为公路建养资金来源。在日本，公路税收主要有两大类 8 种。一类是国税，包括汽油税、石油液化气税、汽车质量税；另一大类是地方税，包括轻油交易税、汽车购置税、地方公路让与税、石油液化气让与税、汽车质量让与税（让与税即中央政府划给地方支配的税收部分）。英国对机动车的税收主要有三种，车辆注册税、车辆燃油税和增值税。法国于 1951 年颁布了《公路投资特别基金法》，规定对公路使用都以燃油税纳税为主，多方筹集公路资金，主要税收包括汽车油料税、车辆购置税、车辆使用税、车辆通行税等。德国公路资金大部分通过燃油税和车辆税来解决，小部分由联邦政府财政预算。

---

① 陈玲，张文棋. 国外农村公路投资建设的经验及其借鉴［J］. 发展研究，2011（6）：84 - 87.

2. 发展中国家

印度作为地域辽阔的农业大国，发展公路对于促进农村经济发展具有重要意义，因此，印度十分重视农村公路的建设。为了加大对农业基础设施的投入，印度建立了农村基础设施发展基金（Rural Infrastructure Development Fund，RIDF）。在2006年3月31日，总共批准的资金为5128.301亿卢比，累计支付3133.734亿卢比[①]。在RIDF的资助下，很多农村地区的道路状况得到了很大的改善，在此基础上，当地的社会经济生活发生了巨大变化。

在农村基础设施发展基金中公路建设的资金来源上，印度有关政府将汽车燃油税作为农村公路建设的特定资金来源，自1929年起该项资金来源就纳入了中央道路发展基金。20世纪90年代末，为了加强农村基础设施建设，印度政府在燃油税的基础上增加了汽油税和轻油税的征收，并将追加的全部汽油税和50%的轻油税拨入"中央道路基金"，明确规定此部分资金将用于道路的建设与养护[②]。

巴基斯坦国家公路管理局（National Highway Authority，NHA）运行了道路养护账户（Road Maintenance Account，RMA），并在道路养护基金（Road Maintenance Fund，RMF）建立独特的"第二代"道路基金。全国公路管理局实施收费公路养护账户（RMA）的服务理念。巴基斯坦新建公路投资需要政府拨付开发基金，公路开发基金由巴基斯坦政府公共部门开发计划（PSDP）拨付，由国家公路局管理使用。自1991年国家公路局成立以来，巴基斯坦政府在PSDP项下支付的开发基金由1991年的51.52亿卢比，上升到2009年的365亿卢比[③]。

尼泊尔在2002年7月成立了一个自治的尼泊尔道路局（Roads Board

---

①②　王真真. 陕西省农村公路建设与养护资金筹集渠道及对策分析［D］. 西安：长安大学，2011：30－31.

③　李辉富. 略论巴基斯坦公路项目贷款风险及防范［J］. 南亚研究季刊，2010（3）：62－65.

Nepal，RBN），RBN 公司在南亚地区设立了第一个"第二代"公路基金。根据 2002 年 7 月道路委员会法案，尼泊尔道路委员会构成的目的是通过有计划，有成本效益的和透明的方式，保持可持续道路网络发展基金。董事会作为一个独立的法人实体，建立公私合伙关系。董事会收入来自收费、燃料征收、车辆登记费，以及政府和国际机构的赠款或贷款。目前，该基金满足约 1/3 的总维修要求。董事会收入的约 70% 被分配到策略性道路网络，30% 分配到地方和农村公路网络的维护保养①。表 4 – 5 是对印度、巴基斯坦和尼泊尔的道路基金的总结，可以看出，这些发展中国家也建立了公路专项基金。

表 4 – 5　　　　　　印度、巴基斯坦和尼泊尔的道路基金总结

类别	印度	巴基斯坦	尼泊尔	第二代道路基金
法律依据	2000 年中央路基金法	国家公路管理局的公路养护账户规则	2002 年道路局法	采取行动，加上配套法规
负责部门	财政部	执行委员会	尼泊尔道路委员会	公共和私营部门的执行局
资金用处	建造及保养维修	维护，安全及营运	维护，安全及营运	公路机构之间的分配明确的标准
主要收入来源	燃料附加税	对道路及桥梁的收费	燃油附加税，过路费，政府及其他机构的赠款	燃料征收，每年牌照费，重型车辆的收费，罚款，过境费，重量长途运输费，过路费
全年收入	1.23 亿美元	4400 万美元	600 万美元	不详
存款机制	综合基金	直接存款	通过中央国债	每月直接存款
审计	主计长和审计长	独立外聘核数师（技术及财政）	独立外聘核数师（技术及财政）	公司或独立核数师，技术以及财务审计

资料来源：齐小翠. 基于受益税的农村公路专项基金方案研究 ［D］. 西安：长安大学，2013：43.

_____

① 齐小翠. 基于受益税的农村公路专项基金方案研究 ［D］. 西安：长安大学，2013：43.

4.4.2　国外建立农村公路专项资金的评价

通过分析发达国家的农村公路筹资体制，可以看出大部分国家是结合国家普通税收与公路用户税共同筹集的形式，而公路用户税更得到广泛使用。公路用户税是根据"用路者负担"的原理，向道路用户征收的道路使用税。目前，世界各国的公路用户税大体包括燃油税、零配件税、汽车购置税、车辆使用税等。不同国家不同时期，各国的税率不同，但是相同的是燃油税在公路用户税中所占比重最大，一般占 60%~80%[①]。各国利用公路使用税的筹资形式对农村公路的发展起到了相当大的作用，发达国家的农村公路里程、等级等各方面在世界公路规模中都处于前列。因此这种筹资模式是我们应该吸收借鉴的。

通过分析发展中国家的农村公路筹资体制，可以看出大部分发展中国家是结合燃油税和车辆收费共同筹资的形式，每个国家根据实际情况选择更适合的方式。例如，印度的公路基金账户的主要收入来源是燃油附加税，巴基斯坦的主要收入是对道路和桥梁收费，尼泊尔的主要收入来源是燃油附加税、过路费、政府及其他机构的赠款，第二代道路基金的主要收入来源则是燃料征收、每年牌照费、重型车辆的收费、罚款、过境费、重量长途运输费、过路费等。发展中国家的基金来源同样是燃油税等一些受益性税收及其他一些收费，并且都取得了比较显著的成果，有力地推动了农村公路的发展。

从发达国家和发展中国家的筹资体制看，大多建立了农村公路专项基金。美国、日本等发达国家一般颁布本国的公路投资基金法，印度等发展中国家一般设有农村公路专项基金账户，虽然名称上有区别，但是性质一般是农村公路专项基金性质，即专款专用。专项基金的资金来源则是燃油税、过路费等。普通税收与公路用户税及过路费的征收使农村公路专项基金有了可靠的资金来源，大大推动了农村公路的发展。

---

① 公路建设资金筹措（下）[J]. 公路运输文摘，2002（8）：8-11.

借鉴国外的成功经验，我国农村公路筹资以税收作为资金保障，发展农村公路专项基金是可行的。至于如何分配，每个国家不尽相同，分配原则也没有特定的公式，我国可以根据实际农村公路资金需求量来确定农村公路专项基金的分配公式。

根据我国国情，农村公路的大规模发展已经成为不可阻挡的趋势，首先解决的是其稳定的资金来源问题。散而不规范，专而稳定规范，先前散而少的资金机制阻碍了其大规模发展，只有建立稳定的专项基金才能使农村公路的建设无后顾之忧。大规模的农村公路建设资金需要规范的资金来源渠道，因此，建立农村公路专项基金势在必行。借鉴国外的成功经验，以税收作为资金保障，发展基于受益税的农村公路专项基金。这一专项基金的来源可以从受益于公路的税种中提取。根据对受益税种和受益税额结构的分析，直接受益税税源充足，税额巨大，完全可以满足农村公路投资需求。因此可从直接受益于公路的税种中提取一定比例，专门作为农村公路专项基金，专款专用，专户管理。

4.4.3 建立基于受益税的农村公路专项基金方案的思路

建立基于受益税的农村公路专项基金方案的思路是：首先预测农村公路建设和养护资金需求量，其次确定受益税种，最后从受益税种中提取一定比例，从而使受益税中提取的农村公路专项基金与农村公路建养资金需求相适应。因此，具体思路和步骤如下所示。

第一步确定农村公路专项基金的需求量。因为受益税的提取比例是依据农村公路专项基金资金量来确定的，提取比例过多，就会造成农村公路专项基金的部分资金闲置；提取过少，又会不足以满足农村公路的投资量需求，造成资金短缺，因此有必要对农村公路资金需要量进行预测。农村公路专项基金专门用于农村公路建设和养护，为此，需预测农村公路建设与养护资金的需求量。

第二步是确定受益税种。税收种类繁多，哪些税种可以作为农村公路专项基金的资金来源，可以依据税种与公路的受益相关性，因此第二步是从现有税种中选取与公路受益相关性大的税种。

第三步是以农村公路建设和养护资金需求量为基数，从受益相关性大的税种中提取部分比例作为农村公路专项基金的资金来源。

4.4.4　建立基于受益税的农村公路专项基金方案

基于对农村公路专项基金方案思路的分析，制定方案为：首先分别测算农村公路建设和养护资金需求量，得出农村公路投资需求量；其次选取受益于公路的税种；最后将受益税额与农村公路投资需求量建立等式，确定受益税的提取比例。

1. 农村公路建设资金需求量测算

对于农村公路建设资金需求量的测算主要有两种思路：第一种是从整体上预测农村公路建设资金需求量；第二种是分别预测农村公路建设里程和农村公路单位建设成本，并将二者结合最终得出农村公路建设资金需求量。第一种思路是从农村公路建设资金需求量的整体考虑，考虑的因素较少，由于农村公路建设资金需求的影响因素很复杂，采用第一种思路有可能造成预测失准，所以本书选取第二种思路，分别考虑里程和单位成本的预测，并结合得出农村公路建设资金需求量。

对农村公路建设里程进行测算。对于农村公路里程的测算有多种研究方法，大体上可以分为时间序列法、因素分析法等。时间序列法是通过已知的农村公路里程，将时间作为自变量，以未来的农村公路里程作为因变量，并通过各种数学计算来测算农村公路建设里程。常用的数学计算方法有：增长率法、指数平滑法、趋势曲线预测法等。时间序列预测方法是从交通供给的角度考虑，不考虑交通需求的因素对公路里程的影响。因素分析法是以影响农村公路建设里程的多种影响因素作为自变量，以农村公路建设里程作为因变量，并将两者建立起等式关系，来测算农村公路建设里程。主要用到的研究方法有连通度法（也称网络节点模型法）、国土系数法、公路网密度比分析法等，这些方法主要从区域面积、人口规模、经济水平等方面进行预测。例如，国土系数法是根据国土系数理论"道路长度与人口和面积的平方根及其经济系数成正比"，从公路网所在区域的面积、人口、经济水平等社会经济指标来计算区域内的合理理论公路长度。因素分析法的特点包括：其一，由于影响因素复杂多样，所以其影响因素的量化操作比较复杂；其二，一旦影响因素确定不适合，就会致使测算结果的准确性大大降低。

本书对于农村公路建设里程的测算选取的时间序列法中的增长率法，主要出于以下三点考虑：第一，农村公路的影响因素很复杂，一旦因素选择失当会造成因素分析法在预测上的极大失准，为了防止这一不精确的出现，选取时间序列法更稳妥。第二，时间序列法从交通供给的角度考虑，不考虑交通需求的因素对公路里程的影响。由于农村公路在未来的发展阶段越来越趋于饱和，因此本书忽略交通运输需求的因素影响，从交通运输供给的角度考虑，从这个角度考虑，时间序列法也是可行的。第三，基于简单易行的操作，选取增长率法。

农村公路建设里程随着时间的变化而变化，本书以时间作为自变量，农村公路里程作为因变量。首先计算过去农村公路里程随时间变化的年平均增长率，再以这一年平均增长率为基础，预测因变量的值，即得出未来一个阶段农村公路建设里程。其次对农村公路单位建设成本进行测算。农村公路单位建设成本主要与农村公路技术等级直接相关。农村公路的技术等级一般包括三级公路、四级公路和等外公路，三级公路的单位建设成本最高，其次是四级公路的单位建设成本，而等外公路所花费的建设成本一般是最低的。根据公路水路交通运输行业发展统计公报和对农村公路技术等级的分析可以得知，四级公路在农村公路网中所占的比重是最大的，在农村公路网中80%以上是四级公路，因此可以将四级公路的单位建设成本作为农村公路的单位建设成本[1]。或者直接从有关部门获得农村公路的平均单位建设成本。考虑到农村公路单位建设成本在一个阶段内一般变化不大，因此可以将获得的调研数据作为未来一个阶

---

① 2003－2013 全国农村公路统计手册 ［Z］. 交通运输部公路局网站，2014.

段的农村公路单位建设成本。

通过上述方法对农村公路建设里程和建设单位成本的测算，可以得出农村公路建设资金计算公式如下：

$$M_1 = S_{11} \times Y_{11'} + S_{12} \times Y_{12} + S_{13} \times Y_{13} \qquad (4-1)$$

其中，M_1：农村公路建设资金总量（元）；

Y_{11}：未来县道建设里程（公里）；

Y_{12}：未来乡道建设里程（公里）；

Y_{13}：未来村道建设里程（公里）；

S_{11}：县道单位里程建设成本（元/公里）；

S_{12}：乡道单位里程建设成本（元/公里）；

S_{13}：村道单位里程建设成本（元/公里）。

2. 农村公路养护资金需求量测算

同农村公路建设资金需求量的预测一样，农村公路养护资金预测也有两种思路：第一种是从整体上预测农村公路养护资金需求量；第二种是分别预测农村公路养护里程和农村公路单位养护成本，并将二者结合最终得出农村公路养护资金需求量。出于相同考虑，本书选取第二种思路，分别考虑里程和单位成本的预测，并结合得出农村公路养护资金需求量。

首先对农村公路养护里程作出估计。同农村公路建设里程的预测方法一样，对农村公路养护里程的测算也包括时间序列法、因素分析法等。在此本部分不再详细介绍。本书对于农村公路养护里程的测算选取的是所有已建设的农村公路总里程。主要是出于以下考虑：按照2010年召开的全国公路养护管理工作会议上"有路必养"政策导向，每年应当对所有已经建设的农村公路进行修养维护。所以本书将每年的农村公路总里程作为农村公路的养护里程。由于农村公路的建设里程是按照县、乡、村、道分别进行预测，那么养护里程也是依据每年的建设里程予以分别预测。

其次对于农村公路单位里程综合养护成本测算。农村公路养护成本与其建设的时间长短及农村公路养护等级有关。大中小修等级的养护成本差别很大，并且建设时间越长的公路，需要养护的程度也越大，因此花费的养护成本也就越高。综合考虑时间长短及养护等级等因素，本书采取典型调研法，对我国东部、中部、西部十余个省份进行调研，获取部分典型省份的公路养护定额和已经养护的农村公路里程，并结合时间和养护等级来测算农村公路的单位里程综合养护成本。

通过上述方法对农村公路养护里程和单位养护成本的测算，可以得出农村公路养护资金计算公式如下：

$$M_2 = Y_{21}S_{21} + Y_{22}S_{22} + Y_{23}S_{23} \qquad (4-2)$$

其中，M_2：农村公路养护资金需求量（元）；

$\quad\quad Y_{21}$：未来县道养护里程（公里）；

$\quad\quad Y_{22}$：未来乡道养护里程（公里）；

$\quad\quad Y_{23}$：未来村道养护里程（公里）；

$\quad\quad S_{21}$：县道单位里程综合养护成本（元/公里）；

$\quad\quad S_{22}$：乡道单位里程综合养护成本（元/公里）；

$\quad\quad S_{23}$：村道单位里程综合养护成本（元/公里）。

3. 农村公路建设和养护资金测算

将农村公路建设资金需求量和养护资金需求量直接相加，即可得到农村公路总的资金需求量如下：

$$M = M_1 + M_2 \qquad (4-3)$$

其中，M：农村公路建设和养护资金总量（亿元）；

$\quad\quad M_1$：农村公路建设资金总量（亿元）；

$\quad\quad M_2$：农村公路养护资金总量（亿元）。

4. 确定受益税种

通过对受益税种的分析，从国家征收的二十种税种中选取出了受益于公路的税种，并以直接受益和间接受益为标准分别划分五种直接受益税和五种间接受益税。进而通过对受益税额结构的分析，得出直接受益税是完全可以满足农村公路投资的，而间接受益税税额相对比较少，并且由于其间接性，受益强度弱于直接受益税，因而从直接受益税中提取部分比例作为农村公路专项基金。

因此，本部分选取的受益税种是以直接受益于公路为标准划分的税种，即对交通运输设备征收的增值税和消费税、成品油消费税、车辆购置税、车船税。而间接受益于公路的城镇土地使用税、土地增值税、耕地占用税、房产税和印花税等，虽然也是与公路建设密切相关的受益税，但是鉴于其受益性较弱，且相关性的判定较为困难，不作为受益相关性大的税种的选取。

5. 确定直接受益税提取比例

本部分利用层次分析法确定直接受益税的提取比例。这一比例的确定是根据直接受益税与农村公路的关联度，关联度大，提取比例大；关联度小，提取比例小。前述对受益税与农村公路的关联度的分析，可知直接受益税与农村公路的关联度是一样的，所以从受益税中提取的农村公路专项基金比例也是相同的。

进而利用层次分析法，将农村公路建设和养护资金需要量 M 与直接受益税额建立等式关系，得出直接受益税在整个农村公路专项基金中所提比例如下：

$$M = (M_1 + M_2 + M_3 + M_4 + M_5)n \qquad (4-4)$$

通过式（4-4），可直接计算出受益税的提取比例 n。其中：

M：农村公路建设和养护资金需求总量（亿元）；

M_1：受益于公路的增值税（亿元）；

M_2：受益于公路的消费税（亿元）；

M_3：受益于公路的营改增的增值税（亿元）；

M_4：车辆购置税（亿元）；

M_5：车船税（亿元）；

n：受益税提取的比例。

最后，本书得出直接受益税在整个农村公路专项基金中的提取比例

n。即按照这一比例 n 从直接受益税中提取资金，作为农村公路专项基金的资金来源。

基于受益税的农村公路专项基金应该由中央政府统一管理，根据农村公路的建设规模以及修建里程，从直接受益税中提取一定比例作为农村公路的专项基金。在全国范围内"一个漏斗向下"，专户管理，专款专用。

4.5　实例分析

本部分结合上述理论分析，以 2012 年为基年，对 2013～2017 年的农村公路专项基金需求量以及受益税提取比例进行预测。此案例的目的是验证提出方法的可操作性。

依据上述提出的基于受益税的农村公路专项基金的建立方案，首先根据过去的数据估算 2013～2017 年的中国农村公路建设和养护资金需求量，其次根据查阅的 2008～2011 年的直接受益税的税额预测 2013～2017年的直接受益税的税额，并将直接受益税的预测值与建养资金需求量的预测值建立等式关系，从而求得受益税的提取比例。

4.5.1　农村公路建设资金需求量测算

对 2013～2017 年的农村公路建设资金需求量进行预测。下面依次对农村公路建设里程和建设单位成本进行预测，最终结合两者得出 2013～2017 年农村公路建设资金需求量。

1. 农村公路建设里程测算

本部分主要分析如何预测农村公路资金需求，对未来的农村公路里程进行预测，依据现有的农村公路里程状况，采用时间序列法进行预测。农村公路分为县道、乡道和村道，表 4－6 为 2006～2012 年的农村公路里程情况。

表4-6				2006~2012年农村公路里程情况			单位：万公里
里程	2006年	2007年	2008年	2009年	2010年	2011年	2012年
县道	50.65	51.44	51.23	51.95	55.40	53.36	53.95
乡道	98.76	99.84	101.11	101.96	105.48	106.60	107.67
村道	153.20	162.15	172.10	183.00	189.77	196.44	206.22

资料来源：2003-2013全国农村公路统计手册［Z］. 交通运输部公路局，2014.

表4-7是2006~2012年按行政等级划分农村公路里程情况，依据时间序列法中的增长率法，预测出2013~2017年按行政等级划分农村公路里程情况，如表4-7所示。

表4-7		2013~2017年农村公路里程预测			单位：万公里
里程	2013年	2014年	2015年	2016年	2017年
县道	54.55	55.15	55.76	56.37	56.99
乡道	109.24	110.82	112.44	114.07	115.73
村道	216.70	227.72	239.30	251.46	264.25

资料来源：笔者依据历史资料计算所得。

基于每年的农村公路增量，测算时逐年将当年的农村公路里程与上一年的农村公路里程相减，得出当年新增的农村公路建设里程，即得出表4-8所示的农村公路新增建设里程情况。

表4-8		2013~2017年农村公路新增建设里程情况			单位：万公里
里程	2013年	2014年	2015年	2016年	2017年	合计
县道	0.60	0.60	0.61	0.61	0.62	3.04
乡道	1.57	1.58	1.62	1.63	1.66	8.06
村道	10.48	11.02	11.58	12.16	12.79	58.03
合计	12.65	13.2	13.81	14.40	15.07	69.13

资料来源：笔者通过计算所得。

2. 农村公路建设单位成本测算

根据调研访谈，农村公路建设单位成本分别为：县道60~100万元/

公里，乡道 70 万元/公里，村道 30～45 万元/公里。选取平均得出：县道 80 万元/公里，乡道 70 万元/公里，村道 37.5 万元/公里。[①]

（1）农村公路建设资金需求量测算。

通过表 4-8 中预测的 2013～2017 年县道、乡道、村道的新增农村公路建设里程和调研得到的农村公路（县道、乡道、村道）单位建设成本，根据公式（4-1）$M_1 = S_{11} \times Y_{11'} + S_{12} \times Y_{12} + S_{13} \times Y_{13}$，可以分别计算出 2013～2017 年每年的农村公路建设资金需求量 M_1 值，如表 4-9 所示。

2013～2017 年每年的农村公路建设资金需求量 M_1 分别为 550.90 亿元、571.85 亿元、596.45 亿元、618.90 亿元、645.43 亿元。2013～2017 年的农村公路建设资金需求量为 2983.53 亿元。

表 4-9　　　　2013～2017 年农村公路建设资金需求量预测　　　单位：亿元

资金需求量	2013 年	2014 年	2015 年	2016 年	2017 年	合计
县道	48.00	48.00	48.80	48.80	49.60	243.2
乡道	109.90	110.60	113.40	114.10	116.20	564.2
村道	393.00	413.25	434.25	456.00	479.63	2176.13
合计	550.90	571.85	596.45	618.90	645.43	2983.53

资料来源：笔者通过计算所得。

（2）农村公路的养护资金需求量测算。

① 农村公路的养护里程测算。按照 2010 年召开的全国公路养护管理工作会议上"有路必养"政策导向，每年应当对所有已经建设的农村公路进行修养维护。所以本书将每年的农村公路总里程作为农村公路的养护里程。2013～2017 年每年的农村公路总里程即每年的农村公路养护里程。上一节中已经对农村公路的建设总里程进行了预测，所以直接引用表 4-7 中的数据，得到 2013～2017 年每年的农村公路总里程即每年的农村公路养护里程，如表 4-10 所示。

---

① 资料来源：笔者根据对陕西、山西等省份的调研资料整理所得。

表 4 – 10　　　　　　2013 ~ 2017 年农村公路养护里程预测　　　　单位：元/公里

里程	2013 年	2014 年	2015 年	2016 年	2017 年
县道	54. 55	55. 15	55. 76	56. 37	56. 99
乡道	109. 24	110. 82	112. 44	114. 07	115. 73
村道	216. 70	227. 72	239. 30	251. 46	264. 25

资料来源：笔者通过计算所得。

② 农村公路的单位综合养护成本测算。根据上述对农村公路单位养护成本的方法分析，引用长安大学博士生萧赓学位论文《基于公共经济理论的我国农村公路管养问题研究》中的数据汇总得到表 4 – 11。

表 4 – 11　　　　　2015 年前后的单位里程综合养护成本估算　　　　单位：元/公里

单位养护成本	2015 年以后	2015 年以前
县道	90850. 53	62947. 62
乡道	83783. 19	40963. 18
村道	44111. 82	14343. 35

资料来源：笔者通过计算所得。

根据估算结果，2015 年以后，县道单位里程年平均综合养护成本约为 90850. 53 元/公里，乡道为 83783. 19 元/公里，村道为 44111. 82 元/公里；2015 年以前，县道单位里程年平均综合养护成本约为 62947. 62 元/公里，乡道为 40963. 18 元/公里，村道为 14343. 35 元/公里。

③ 农村公路的养护资金需求量测算。结合表 4 – 10 对未来五年农村公路养护里程的测算及表 4 – 11 对农村公路单位养护成本的统计，并根据公式（4 – 2）$M_2 = Y_{21}S_{21} + Y_{22}S_{22} + Y_{23}S_{23}$，可以分别计算出 2013 ~ 2017 年每年的农村公路养护资金需求量 M_2。表 4 – 12 为 2013 ~ 2017 年按行政等级划分农村公路养护资金需求量。

2013 ~ 2017 年按行政等级划分农村公路养护资金需求量 M_2 分别为 1101. 68 亿元、1127. 75 亿元、1154. 83 亿元、2577. 06 亿元、2653. 03 亿元。2013 ~ 2017 年的农村公路养护资金需求量为 8614. 35 亿元。

表 4 – 12　　　　　2013～2017 年农村公路养护资金需求量　　　单位：亿元

资金需求量	2013 年	2014 年	2015 年	2016 年	2017 年	合计
县道	343.38	347.16	351.00	512.12	517.76	2071.42
乡道	447.48	453.96	460.59	955.71	969.62	3287.36
村道	310.82	326.63	343.24	1109.23	1165.65	3255.57
合计	1101.68	1127.75	1154.83	2577.06	2653.03	8614.35

资料来源：笔者通过计算所得。

（3）农村公路建养资金需求量测算。

通过以上两部分对 2013～2017 年农村公路建设资金需求量和养护资金需求量的测算，利用公式（4-3）中 $M = M_1 + M_2$，可以得出 2013～2017 年按行政等级划分农村公路建设和养护资金需求量，如表 4-13 所示。

2013～2017 年每年的农村公路建设和养护资金需求量 M 分别为 1652.58 亿元、1699.60 亿元、1751.28 亿元、3195.96 亿元、3298.46 亿元。2013～2017 年的农村公路建设和养护资金需求量为 11597.88 亿元。

表 4 – 13　　　　　2013～2017 年按行政等级划分农村公路建设
和养护资金需求量　　　单位：亿元

资金需求量	2013 年	2014 年	2015 年	2016 年	2017 年	合计
县道	391.38	395.16	399.80	560.92	567.36	2314.62
乡道	557.38	564.56	573.99	1069.81	1085.82	3851.56
村道	703.82	739.88	777.49	1565.23	1645.28	5431.70
合计	1652.58	1699.60	1751.28	3195.96	3298.46	11597.88

资料来源：笔者通过计算所得。

4.5.2　受益税的提取比例测算

直接受益税的税额选取 2013～2017 年的数据，采用增长率法，依据 2008～2011 年的税额，计算每种税额的年均增幅，可以估算 2013～2017 年的税额。

表 4 – 14 是 2008 ~ 2011 年全国直接受益税的收入情况，据此测算出 2013 ~ 2017 年全国直接受益税的收入情况（见表 4 – 15）。

表 4 – 14　　　　　2008 ~ 2011 年全国直接受益税的收入情况　　　　单位：亿元

受益税种类	2008 年	2009 年	2010 年	2011 年
受益于公路的国内增值税	1216.03	1817.46	2464.33	2585.67
受益于公路的国内消费税	755.43	2457.22	3071.12	3294.75
受益于公路的增值税（交通运输行业）	647.53	637.91	759.49	906.61
车船税	144.19	186.51	241.62	301.99
车辆购置税	989.87	1163.91	1792.59	2044.88
合计	3753.05	6263.01	8329.15	9133.91

资料来源：笔者依据 2009 ~ 2012 年《中国统计年鉴》统计数据所得。

表 4 – 15　　　　　2013 ~ 2017 年全国直接受益税的收入情况　　　　单位：亿元

受益税种类	2013 年	2014 年	2015 年	2016 年	2017 年	合计
受益于公路的国内增值税	4369.78	5680.71	7384.93	9600.41	12480.53	39516.36
受益于公路的国内消费税	4433.42	5142.76	5965.60	6920.11	8027.32	30489.21
受益于公路的增值税（交通运输行业）	1137.25	1273.72	1426.57	1597.76	1789.49	7224.79
车船税	494.78	633.32	810.65	1037.63	1328.17	4304.55
车辆购置税	3402.88	4389.72	5662.74	7304.94	9423.37	30183.65
合计	13838.11	17120.23	21250.49	26460.85	33048.88	111718.60

资料来源：笔者依据 2009 ~ 2012 年《中国统计年鉴》统计数据所得。

由表 4 – 15 可知，2013 ~ 2017 年每年的直接受益税额分别为 13838.11 亿元、17120.23 亿元、21250.49 亿元、26460.85 亿元、33048.88 亿元。2013 ~ 2017 年这五年的直接受益税额为 111718.60 亿元。

根据式（4 – 4）中 $M = (M_1 + M_2 + M_3 + M_4 + M_5)n$ 可以得出每一年的受益税提取比例 n。由于本案例测算的是未来一个阶段的受益税提取比例，所以本书统计五年的农村公路建养资金需求量 M 和五年的直接受益税额 $M_1 + M_2 + M_3 + M_4 + M_5$。2013 ~ 2017 年的农村公路建设和养护资金需求量 M 为 11597.88 亿元，2013 ~ 2017 年的直接受益税额（$M_1 + M_2 + M_3 + M_4 + M_5$）为 111718.60 亿元。同样根据公式（4 – 4）中 $M = (M_1 +$

$M_2 + M_3 + M_4 + M_5$)n 得出 n = 10.38%。

最终得出 2013~2017 年直接受益税的提取比例为 10.38%，从直接受益税中提取的农村公路建设和养护资金，即农村公路专项基金为 11597.88 亿元。

基于上述研究提出的思路和方法，本部分对 2013~2017 年农村公路专项基金需求量和直接受益税的税额进行了预测试算，在数字上不免存在误差，但是通过试算过程，证明本书建立基于受益税的农村公路专项基金的思路和方法是可行的。

第5章

农村公路财政资金转移
支付方式决策依据分析

既然农村公路投资主体为中央和省级政府，上级政府对下级的拨款，往往通过转移支付方式进行。在此，主要研究上级政府转移农村公路财政资金的依据，以及建立财政资金转移支付的模型。

5.1 现行农村公路建设资金转移支付的方式

全国大规模农村公路的建设始于 2003 年，国家对农村公路建设进行了空前的投资，当时农村公路建设的主要决策依据是行政命令，所有行政村必须通农村公路。在农村公路的资金拨付上，主要是在地方（县级）政府自筹资金到位的情况下，上级政府（包括中央和省份）根据拟修建农村公路的里程与等级，依据一定的标准采用凡建即补的转移支付方式。在"十一五"期间，中央对地方农村公路建设资金补助标准为通村公路每公里补助 10 万元，通乡公路每公里补助 40 万元。从 2009 年开始，交通运输部对中西部"少边穷"地区农村公路建设适当提高补助标准，中部"少边穷"地区建制村通沥青（水泥）公路由每公里 10 万元提高到每公里 15 万元，西部"少边穷"地区建制村通公路由每公里 10 万元提高到每公里 20 万元。各省份也在中央补助标准基础上，制定了相应的补助标准[①]。另外，依据《车辆购置税收入补助地方资金管理暂行办法》，"十四五"时期车辆购置税收入补助地方资金"以奖代补"支持普通省道和农村公路。

5.2　理论分析现行转移支付存在的问题

现行农村公路财政资金转移支付方式的优点主要体现在简单易行，凡建即补的政策也基本能够体现谁投资谁受益的原则，极大地调动了地方政府修建农村公路的积极性。图 5 - 1 为 2009 ~ 2013 年农村公路里程统计，截至 2013 年底，全国农村公路（含县道、乡道、村道）里程达 378.48 万公里，比 2009 年末增长 4.6 万公里，其中等级公路里程 2013 年底达到 321.2 公里，比 2009 年末增长 61.4 万公里。

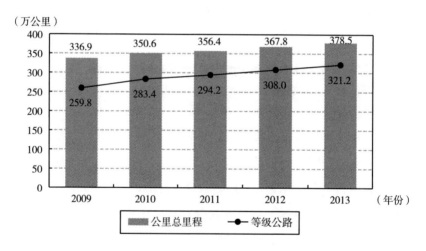

（万公里）

图 5 - 1　2009 ~ 2013 年农村公路里程统计

资料来源：2003 - 2013 全国农村公路统计手册［Z］. 交通运输部公路局, 2014.

新时期农村公路所面临的新问题、新特点也逐步浮现，国家对农村

---

① 我国农村公路建设将向西部和"老少边穷"地区倾斜［EB/OL］. 新华网, 2010.

的扶持力度使农村公路在量上取得了显著成绩，但仍存在结构方面的问题。从区域发展看，发展水平极其不均衡。

由于区域间运输需求与财政能力状况的不平衡，农村公路现行的补贴政策也存在着严重缺陷。从效率角度看，现行农村公路建设决策基本上是行政命令，除了县级农村公路进行过可行性研究外，乡、村级农村公路基本没有进行过可行性研究，也就是说没有完全从效率角度去衡量大部分农村公路建设的必要性；根据效用经济学理论，资金投向贫困地区，效用更大，从公平角度看，现行的补贴政策往往造成富裕地区由于修路多而得到的补助金额也多，相反，贫困地区得到的补助金额较少，从而出现"马太效应"。

一般情况下，评价公路密度的指标主要有单位土地面积内的公路长度与人均拥有的公路长度等，农村公路主要是为农业生产与农民出行服务，单纯用公路密度评价不能很好地反映区域间的农村公路建设情况。因此，本书选取农用地公路密度（即单位农用地面积内的农村公路里程）来衡量区域农村公路的发展状况。

图5-2为2006年和2012年的农用地公路密度，从图5-2可以看出，东西部农用地公路密度差异大，2006年东部地区密度值是西部地区的4.5倍，2012年东部地区密度值是西部地区的3.02倍；西部地区2006年和2012年的密度值均远远小于全国平均密度值水平。虽然2012年与2006年相比，差距有所减弱，但总体看东西部农村公路发展极其不平衡。

样本抽取了东中西部地区部分省份，如广东、江苏、黑龙江、湖南、河南、江西、甘肃、陕西、新疆比较其农村公路发展状况，考察其农村公路发展状况。

图5-3为抽样的部分省份2006年和2012年农用地公路密度折线图，从图中可以看出：东部、中部、西部地区内部来看部分省份之间也存在较大差距，如同属东部地区的江苏省和黑龙江省，2006年密度值差距为近五倍，而2012年则达到六倍多。同属中部地区的河南省和江西省，同属西部地区的陕西省和新疆维吾尔自治区都有较大差距。通过不同地区

农用地密度数据分析可知，我国农村公路存在区域间农村公路发展极其不均衡，发展处于非均等化的情况。

（万公顷，公里）

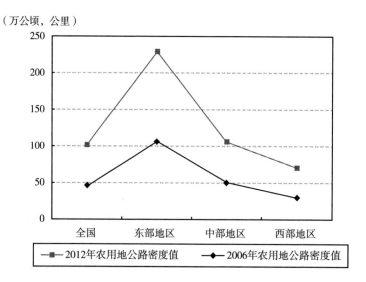

图 5－2 2006 年、2012 年各地区农用地密度

资料来源：《2007 年中国统计年鉴》《2013 年中国统计年鉴》。

（万公顷，公里）

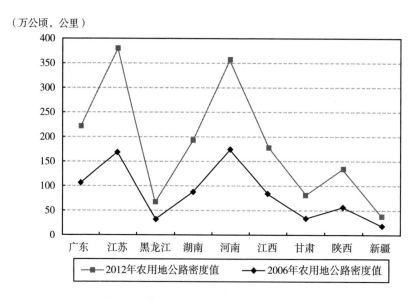

图 5－3 2006 年、2012 年各地区农用地密度

资料来源：《2007 年中国统计年鉴》《2013 年中国统计年鉴》。

　　从图 5 - 3 可看出，2006 年农用地公路密度最低的 4 个地区分别是黑龙江、甘肃、陕西和新疆；2012 年最低的四个是新疆、黑龙江、甘肃和陕西。说明随着时间的推移，这种状况没有大的改变，值得对农村公路资金分配机制进行反思。

5.3　实证验证

　　上述从理论上论证了目前上级政府对下级政府农村公路转移支付方式往往会形成"马太效应"，分析了全国及部分省份间农村公路发展状况并进行了简单比较。现将选取一个区域，对其农村公路资金的分配方式，实例分析实证方面是否存在"马太效应"。为此，对陕西省咸阳市 11 个县域近几年农村公路的建设、上级政府的投资及各县的财力状况等方面进行了论证。

5.3.1　指标选取

　　表 5 - 1 为咸阳市各区县 2010 年农村公路财政补助金额与财政能力排名，补助金额包括中央、陕西省与咸阳市对各区县农村公路的补助金额，数字来源于对咸阳市各区县的调研。由于农村公路的建设周期长，工程投资金额往往跨年度结算，某一年的投资金额不具有可比性，补助金额选取 2006～2010 年的年平均数，排名从高到低；财政能力状况指标的选取，引用《2010 年陕西省县域经济社会发展监测综合排名》，排名由贫到富。从表 5 - 1 中可以看出：补助额最高的是三原县，财政能力很强，排名第 9 位；补助金额最少的是长武县，财政能力较弱，排名第 3 位；存在富裕地区得到的补助金额多，而贫困地区得到的补助金额少的现象。

表 5 - 1　　　咸阳市各县域 2006～2010 年平均获得上级补助金额和排名

地域	补助额（万元）	补助排名	财政能力排名
三原县	7259.46	1	9
乾县	7024.26	2	6
彬县	7001.40	3	11
泾阳县	6396.92	4	8
礼泉县	6251.64	5	7
兴平县	5791.06	6	10
武功县	5554.40	7	5
淳化县	5325.02	8	1
旬邑县	5114.63	9	4
永寿县	4697.36	10	2
长武县	4229.22	11	3
合计	64645.37		

资料来源：陕西省咸阳市公路局调研。

5.3.2　个体分析

通过计算咸阳市各区县补助金额排名与财政能力排名的相近度，分析两者间的拟合状况。相近度的计算公式为：

$$\sigma = |k_1 - k_2| \qquad (5-1)$$

其中：σ 为相近度；k_1 为补助金额排名；k_2 为财政能力排名。当 $k_1 = k_2$ 时，计算结果为无穷大；当 $k_1 \neq k_2$ 时，计算结果在（0，1］之间，越接近 1，相近度越大，相反越小。咸阳市各区县补助金额排名与财务状况排名相近度的计算结果如图 5 - 4 所示：除礼泉县与武功县，其余 9 个县的相近度均小于 0.50，表明两种排名的相近度极低，存在补助金额排名与财政能力排名关系不显著，即存在所获补助金额与财政能力状况不相关的现象。

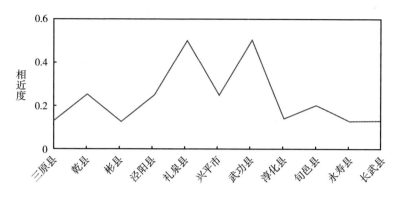

图 5 - 4　咸阳市各区县相近度

5.3.3　总体比较

在统计学中，一般运用相关性分析两个或多个不同变量之间的关系，其中相关系数表示不同变量之间的正向或者负向的比例关系；显著度表示这种关系明显的程度。运用 SPSS19.O 统计分析软件对表 5 - 1 中 11 个区县（样本）的补助金额排名与财政能力排名进行变量相关性分析，得到相关系数为 - 0.755，显著度为 0.007，这表明补助金额排名与财政能力排名存在着显著的负相关，这也印证了富裕地区得到的补助金额多，而贫困地区得到的补助金额少这一现状比较严重。

通过对咸阳市 11 个县域上级对下级农村公路补助与其财力状况的比较，证明本书所提出的理论分析是正确的。不论从理论还是实践来看，都证明"凡建即补"的这种上级对下级的农村公路转移支付方式，富裕地区由于建设多，而得到的补助多，产生"马太效应"。

5.4　农村公路建设资金转移支付的决策依据思考

只有科学的公路建设资金转移支付决策依据，才能使有限的资金发挥最大的效用，才能真正发挥农村公路的社会经济功能。选取的依据是否科学，将决定着资金使用的效率问题和公平问题。本部分将分析政府对农村公路建设资金进行分配，应该以什么为依据。

上级政府在对下级进行农村公路资金分配时，应当以何为依据进行的思路有：以公平为原则，为此重点考核地方财力；考虑农村公路的修建需要大量资金、占用大量土地，还应考虑效率问题，对于如何衡量效率的大小，笔者认为可利用"运输需求"，因为修路既要考虑区域运输需求，还要以满足当地运输需求为目的。当农村公路不能满足运输需求时，会阻碍经济的发展，过度超前，又会带来资源的浪费。因此，农村公路的修建应遵循以公平为主效率为辅的原则，既考虑地方财力，又考虑地区的运输需求。

经过几年的农村公路建设，农村公路普遍得到了较快发展。但在调研中发现，区域间农村公路发展极其不平衡。消除贫困、改善民生、实现共同富裕是社会主义制度的本质要求，实现公共服务均等化是实现这一目标的战略选择。而农村公路均等化既是公共服务均等化的重要内容，也是公共服务均等化的助力器。

党的十六届六中全会首次明确提出实现城乡基本公共服务均等化目标。经过党的十七大、党的十七届三中全会、党的十八大、党的十八届三中全会等重要会议的强调和部署，基本公共服务均等化总体实现已成为全面建成小康社会战略目标的重要内容。从分配角度看，农村公路作为基础设施具有公益性、公共性，政府对基础设施的投资其实是一种财富的分配。目前中国二元社会结构严重，与前一时期交通基础设施城乡、区域配置不均等有着必然的联系。考虑农村公路的基础性、公益性特征，结合当前中央的战略部署，提出应以农村公路"均等化"发展为目标，进行农村公路建养资金的分配。

加快贫困地区的农村公路建设，不但可以推动农业经济的发展，增加农民收入，改善居民出行，还可在一定程度上校正社会财富初次分配的不平衡，并对初次分配产生积极影响，有利于缓解和抑制利益分化进程及其引发的社会矛盾。推进农村公路均等化，是解决城乡二元结构及区域差异的重大举措，没有广大农村地区的小康社会，也不可能有全国的小康社会，因此，农村公路均等化的发展也承载着全面建成小康社会、加快社会主义现代化建设进程、实现中华民族伟大复兴的梦想和追求。

农村公路（含县道、乡道、村道）的均等化是指不同财力的区域，最终享有基本相等的农村公路基础设施。近几年，我国农村公路得到快速发展，如表5-2所示，截至2013年，农村公路总里程约达到近378.48万公里，其中等级公路占公路总里程的84.87%。虽然，农村公路得到了快速的发展，但是地区间发展极其不平衡。表5-2为2013年东中西部地区农村公路均等化状况比较，从农用地公路密度看，东部和中部地区的农用地公路密度分别是西部地区的3.02倍和1.34倍；从建制村通畅率看，东部和中部地区建制村通畅率都在90%以上，而西部地区仅达到65.20%；从等级公路占农村公路的总里程看，西部地区也明显偏低，仅占77.11%。说明无论从数量还是从质量上，东中西部地区农村公路发展均存在非均衡状态。

表5-2 2013年东中西部地区农村公路均等化状况比较

项目	农村公路里程（公里）	农用地公路密度（公里/万公顷）	建制村通畅率（%）	等级公路占农村公路比重（%）
全国	3784761	57.61	89.00	84.87
东部地区	1043285	127.45	99.91	93.29
中部地区	1243060	56.57	98.08	87.16
西部地区	1498416	42.18	65.20	77.11

资料来源：《2003-2013年全国农村公路统计手册》《2013年中国统计年鉴》。

因此，为了实现城市乡村的协调发展，各区域农村公路的共同发展，笔者认为农村公路财政资金转移支付，应以促进农村公路均等化发展为决策依据。

第6章

农村公路均等化的衡量方式研究

6.1 公路均等化的理论基础分析

以农村公路"均等化"发展为目标决策农村公路财政资金分配,那么就需要科学衡量农村公路发展均等化状况。均等化理论基础是公平理论,下面先对均等化的理论基础进行分析。

6.1.1 公平的界定

"公平"是享受社会权益平等或不平等的价值度量,一般指社会成员的各项属性(包括投入、获得等)表现为平均。"公平"涉及社会的每个领域,一直在被众多学科的学者研究并关注。马克思主义辩证观认为:公平是属于历史的范畴,公平是有条件的,是变化的、相对的,不存在无条件的、静止的、绝对的公平①。科学发展观认为:应以"人"为核心来理解公平,即在经济社会中,各个社会成员应各得其所、各尽所能,社会成员

---

① 王传峰. 马克思的公平理论及其时代价值 [J]. 求实,2010 (3):4-9.

的权益平等。伦理学的研究表明公平是用于对各种社会关系的评价，而评价原则和标准受到社会文化观念和政治法律制度的影响；法学强调的是权利和义务对等，地位对等、不偏颇才是公平；社会学则把公平界定为无差别对待，强调用统一尺度衡量标准，以防止社会对待中的双重（或多重）标准问题；哲学的公平则体现在对经济、政治、文化等权利义务的一种合理分配。经济学家提出公平要基于平衡，凸显正义，只有符合一定差距的分配公平，才有正面的激励效应，过小、过大的差距都会带来负面的激励效应。

不论哪个领域、哪个学科，公平一般是在理想状态中实现的，不存在绝对的公平。公平包含着平等的意思，但不仅限于平等。在某些情况下，公平可能会产生财政分配上的不平等。美国哈佛大学哲学系主任约翰·罗尔斯在《正义论》中提出"公平的正义"，他研究的公平原则表现为：一是平等自由原则，即享有平等的自由权利；二是机会的公正平等原则，即要求国家对社会成员的经济差别予以调节，使之最大限度地改善最差者的地位[1]。这个理论用于财政分配领域时则将财政公平理解为：一般情况下财政分配的平等与特殊情况下财政分配不平等的有机结合。

公平是一个准则，用来处理在社会经济、政治、文化活动中各实践主体之间的关系。公平性是基本公共服务的根本属性，分配是解决社会公平的主要途径。在经济活动过程中，分配公平主要表现为相对公平，社会分配是否公平，不取决于有没有差距，而取决于这种差距是否合法、合情合理、合乎民生发展。因此，产品的生产、分配、交换所直接体现出来的公平问题，是影响、制约或推动社会发展的决定性环节，也是本书研究财政公平的重要原因。

6.1.2　公平理论基础

亚里士多德认为："公正是各种德性中最主要的，它比星辰更加光辉"[2]，公正集一切德性之大成；霍布斯在《利维坦》中提出分配的正义

---

①② ［美］约翰·罗尔斯. 正义论［M］. 何怀宏，等译. 北京：中国社会科学出版社，1988：292.

是同等的利益分配给具有平等价值的人们；罗尔斯在《正义论》中通过"公平的正义"理论，强调了应用于公民权利领域的自由平等原则和调节社会经济利益的平等问题，由此追求公平正义的核心价值观开始形成①。

公平理论又称社会比较理论，主要内容侧重于研究工资报酬分配的合理性、公平性及其对职工生产积极性的影响。公平理论最早由美国行为科学家约翰·斯塔西·亚当斯（John Stacey Adams, 1965）提出，该理论在社会比较中研究个人所做的贡献与所得的报酬之间如何实现平衡，是研究人的动机和知觉关系的一种激励理论，主要提出个人的工作积极性来源于报酬的多少和报酬分配是否公平两个方面，公平感直接影响个人的动机和行为。亚当斯对分配公平的定义强调了，依据标准对分配结果的评价是一种追求事实意义的社会公平效果。

经济学研究中，公平理论强调的是市场经济活动中商品交换，以及其他经济交换是否等价的问题，经济学家将公平与分配紧密联系。由此，经济公平理论体现出两方面含义：一是以"均等化"来运用公平。即在经济增长的初期阶段，尽管人们的收入都不减少，但社会收入分配却变得不平等，经济增长达到更高水平以后，收入分配又会变得相对平等，这个规律也就是所谓的库兹涅茨倒"U"型理论。二是等量劳动或资本，获得等量报酬或收益。即在经济活动过程中，权利、机会、过程和结果都是平等的，而往往不会实现收入的绝对均等化。

本书的研究侧重于财政公平理论。财政公平是指财政分配符合一国社会绝大多数成员认可的正义观念。财政学中的公平理论是从财政分配的经济效应中进行观察，主要研究财政分配是否公平的经济学标准，既要关注权利义务的配置是否公平，也要关注实现和保障财政分配公平和财政权利义务配置公平的法律程序及方法。财政分配是否公平是获得当前经济社会绝大多数成员认可的主要标准，合理的分配结果和分配程序是经济社会追求的理想目标。财政公平既包括起点和过程的公平，也包括结果的公平，起点的公平主要是指机会的均等，包括参与财政决定的机会均等和法律适用的平等；过程的公平主要是指财政行政和财政执法

---

① 王传峰. 马克思的公平理论及其时代价值［J］. 求实, 2010 (3): 4-9.

的公平；结果的公平则是指财政分配结果的合理和公正。此外，财政公平不仅指经济上的公平，还包括社会的公平，也就是说，在本书的研究中，国家财政对农村公路建养投入的差别所引起的社会后果，不仅仅属于经济范畴，也涉及人们的社会权力等方面。

6.1.3　基于公平的均等化理论

有关均等化思想的萌芽可追溯至远古时期。当时，以狩猎为生的人们为了共同生活，需要均等分配生活资料；奴隶时期，农耕为主的人们在劳作后，要求享受等级内的平等待遇；市场时期，经济主导下的人们要求机会均等，且受到的保障也均等。在启蒙运动和文艺复兴时期，很多著名的思想家、哲学家如卢梭和霍布斯，都在代表作中推崇宣扬平等。随之，近现代的福利经济学家们将其不断凝练升华，提出了多种关于公平的经济学理论。美国经济学家阿瑟·奥肯（1999）曾在他的公平与效率研究中提出"对效率的追求不可避免产生出各种不平等。社会面临着一种抉择，我们无法在保留市场效率这块蛋糕的同时又去平等地分享它。"[①] 由此可见，均等化是市场经济体寻求的一种合理性，而人们需要寻求并采取有效的方式去争取实现这种合理的机会均等。

1. 从公平理论角度出发

公平体现的是一种衡量准则，而均等化则是一种实现模式。公平视角下的均等化体现在公共服务的内涵之中，就是为了实现公平，满足均等化的政府行为而衍生出的一种非排他性、非竞争性的公共产品。罗尔斯（1971）《正义论》所研究的"平等（均等）的自由与基本物品分配的平等（均等）"，就是建立在公平含义基础之上，对均等化理论的深入探讨。英国经济学家庇古（1932）提出国民收入分配越是均等化，社会经济福利也就越大，这个结论奠定了公共服务均等化的理论基础，即政

---

① 陈树文．平等与效率：论阿瑟．奥肯的抉择理论及其现实意义 ［J］. 马克思主义与现实，2008（2）：113–117.

府应当通过公共服务均等化来实现全社会福利最大化。于树一（2007）认为福利经济学是公共服务均等化的经济学基础。陈昌盛、蔡跃洲（2007）提出，公共服务是指建立在一定社会共识基础上，一国全体公民不论其种族、收入和地位差距如何，都应公平、普遍享有的服务。陈海威（2007）、王谦（2008）、韩淑梅（2008）等认为均等化不代表要实现资源配置的平均化，平均化就是等额分配，而均等化是相对平等，体现公平与效率的统一。孙建军等（2010）则从价值取向、政策制定和行政执行三个维度评述公共服务均等化，他认为基本公共服务均等化的价值取向包括公平价值、人本价值、权利价值和责任价值四个取向。可见，均等化不是简单地平均化和无差异化，其目的是实现社会公平和正义。

2. 从公平涵盖的内容出发

常修泽（2007）分析的均等化具体标准包括：机会均等、结果均等，以及选择的权利均等。邱霜恩（2007）则认为：均等化并非纯数字上的平均，而应当是在不破坏社会政治、经济和谐发展的基础上所能达到的一个相对合理的均等化程度。刘尚希（2007）更强调机会均等。安体富、任强（2008）则认为，相比机会均等，结果均等更重要。基于公平的均等化理论可以分为结果均等、机会均等、需求均等三个判断标准。偏向于结果均等，是绝对意义上平均主义；偏向于机会均等，则侧重于强调在法律或者权利上的平等；偏向于需求均等，则很难确定并满足不同偏好和不同程度的需求。因此，单纯从结果、机会或者需求的角度追求"公平"是不现实的，而应当根据实际需求、发展的情况，结合政府能力综合以上三种标准来衡量均等化的问题。

3. 从公平的衡量标准出发

安体富（2007）认为均等化有高中低三种标准，最低标准即为保底，其中公民部分均享有最低标准公共服务。常修泽（2007）提出公共服务的评价无法准确衡量，但应当大致均等。王伟同（2008）提出了一个标准化的公民（去除个体特征，反映整体公民特点）实际应享受基本公共服务数量。孔凡河（2010）认为公共服务均等化的实质就是在效率和公平之间的均衡，把地区差距、贫富差距等控制在合理范围内，使不同社会阶段均衡受益。

"均等化"是一个过程，而"公平"既是均等化理论与实质的追求，同时也是在实现均等化的过程中努力所追求的核心价值观。建立于公平基础之上的均等化，必须以公平作为其实现过程中的核心价值追求。因此，本书的目标就是达到以均等化推动实现公平，在公平的基础上共享均等化。本课题研究的农村公路区域均等化就是以上述公平理论为基础，在自然条件和财力不平衡的条件下，最终使每个区域的农村居民都能享受相对均等的农村公路基础设施服务。

笔者认为农村公路财政资金转移支付应以农村公路均等化发展为决策依据，那么就需要研究如何衡量区域农村公路均等化发展状况，下面将研究农村公路均等化的衡量方法。在此，随着思考的深入，笔者研究农村公路均等化的衡量也经历了由简单因素向多因素发展的变化，研究的几种农村公路均等化衡量方法可适用于不同层次，下面对研究的几种方法进行介绍。

6.2 农村公路区域发展状况比较分析

以下运用现有的衡量指标，分析我国农村公路区域间发展状况，以了解近几年的财政资金拨付方式，对农村公路均衡发展状况的影响。

6.2.1 从农用地农村公路密度角度分析

本部分选取了 2006 年、2012 年两个时间节点，并以东部、中部、西部划分区域，并在每个区域选取了三个省份为例来分析，采用了各地区农用地公路密度值来反映农村公路不同区域发展的情况，具体如表 6 – 1 所示。从表 6 – 1 可计算出，2006 年东中西部农村农用地密度的比值为 3.53 : 1.65 : 1，2012 年数值为 3.02 : 1.39 : 1，得出（1）两个年份东中西部农村公路密度存在较大差异；（2）2012 年与 2006 年相比，虽然数字上有所缩小，但不明显；（3）从农用地指标考察，东中西部农村公路发展不均衡；（4）在同一区域不同省份农村公路密度差异也很大。

表 6-1　　　　　2006 年、2012 年各地区农村公路农用地密度

省（自治区、直辖市）		2006 年			2012 年		
		农用地面积（万公顷）	农村公路里程（公里）	密度值	农用地面积（万公顷）	农村公路里程（公里）	密度值
全国		65704.74	3026086	46.06	65687.61	3678384	56.00
东部地区		8207.75	869353	105.92	8186.41	1002471	122.46
中部地区		13461.56	1089052	49.60	21973.24	1237431	56.32
西部地区		44035.43	1067681	30.04	35527.96	1438482	40.49
东部	广东	1494.00	157607	105.48	1489.12	171787	115.36
	江苏	677.53	114198	168.55	671.56	140548	209.28
	黑龙江	3778.48	123082	32.57	3792.36	127639	33.66
中部	湖南	1793.17	156758	87.41	1789.81	188512	105.33
	河南	1229.00	213649	173.89	1228.14	224436	182.74
	江西	1419.01	115864	81.65	1416.44	134627	95.05
西部	甘肃	2387.70	80850	33.86	2387.94	114644	48.01
	陕西	1848.20	100647	54.45	1847.76	145863	78.94
	新疆	6306.07	110625	17.54	6308.48	127706	20.24

资料来源：《2007 年中国统计年鉴》《2013 年中国统计年鉴》。

6.2.2　从通达情况角度分析

衡量农村公路发展程度还可以从通达率和通畅率入手，根据统计数据显示，截至 2013 年底，全国 37709 个乡镇中，有 10 个未通公路，638155 个建制村中，有 1892 个未通公路。乡镇通达率从 99.57% 增长到 99.97%，通畅率从 77.86% 增长到 97.81%；建制村通达率从 91.89% 增长到 99.70%，通畅率由 50.50% 增长到 89%。[①]

---

① 2003－2013 全国农村公路统计手册 [Z]. 交通运输部公路局，2014.

表6-2是2005年底和2012年底全国各区域农村公路通达情况，以东西部区域划分来看，不论是乡镇还是建制村，2005~2012年间通达率和通畅率都有所提升，但具体对比有以下几点：

（1）东部地区的通达率和通畅率始终处于领先地位，且均高于全国平均水平；

（2）中部地区的建制村取得进步较大，通达率和通畅率分别上升了23.38个和48.20个百分点；

（3）西部地区农村（包括乡镇和建制村）的通达率和通畅率平均增长了29.14个和27.07个百分点，但相比其他地区仍然落后，所有数据均未达到全国平均水平；

（4）东部和西部地区差距较大，2005年东西部建制村通达率差距为43.97个百分点，通畅率差距为53.58个百分点；2012年东西部建制村通畅率差距为44.61个百分点。

根据2005年和2012年全国通达情况各项数据显示可知，我国农村公路存在区域不均等的情况。

表6-2　　　　　2005年和2012年中国各地区农村公路通达情况　　　　单位：%

行政划分	乡镇				建制村			
地区	通达率		通畅率		通达率		通畅率	
	2005年	2012年	2005年	2012年	2005年	2012年	2005年	2012年
全国	93.64	99.97	80.40	97.43	76.91	99.50	52.88	86.00
东部地区	99.36	100.00	97.06	100.00	96.39	99.96	81.18	99.88
中部地区	96.59	100.00	83.40	99.91	76.36	99.74	42.99	91.19
西部地区	87.77	99.92	67.41	93.88	52.42	98.54	27.60	55.27

资料来源：《2005年全国农村公路通达情况专项调查公报》《2003-2013全国农村公路统计手册》。

6.2.3　从技术等级角度分析

按技术等级划分，我国公路分为高速公路、一级公路、二级公路、三级公路和四级公路，除此之外还有等外公路，即已确定但未达到或未能全部达到国家公路技术标准的公路。从技术等级角度来分析，等外公路要求标准低，修建成本不高，所需的投入资金少，道路修建规模小，质量参差不齐，建养水平也相应较低，等外公路的性质必然决定其实际利用率、经济价值、公共福利价值都无法与等级公路相比。本部分按照技术等级列出了 2006 年、2012 年我国东部、中部、西部各地区农村公路中等级公路和等外公路的比重见表 6－3，从表中可看出以下几点。

（1）2006 年，我国中部和西部地区，等外公路仍占有一定的比例，尤其是西部地区，等外公路占比 1/2。到 2012 年，全国各区域都是等级公路占农村公路的主要部分，西部地区的等外公路占比降低到 1/4。

（2）比较东西部地区 2006 年和 2012 年的等级公路，东部地区比西部地区比重分别高了 39.1 个和 17.5 个百分点，而这两年的等外公路，西部地区则比东部地区占比高，可见，西部地区的农村公路低技术等级所占比重相对东部地区大，这也反映出各区域农村公路建设质上的不均等。

（3）各地区农村公路等级比重显示：东部高于中部、中部高于西部，农村公路在区域分布上呈现出结构性的不均衡，这一定程度上也说明了农村公路发展的不均等性。

表 6－3　　　　　　2006 年、2012 年我国农村公路按技术等级统计里程

地区	2006 年				2012 年			
	等级公路		等外公路		等级公路		等外公路	
	里程（万公里）	占比（%）	里程（万公里）	占比（%）	里程（万公里）	占比（%）	里程（万公里）	占比（%）
全国	188.12	62.2	114.38	37.8	308.00	83.7	59.84	16.3
东部地区	73.03	84.0	13.81	16.0	93.00	92.80	7.22	7.2
中部地区	66.74	61.8	41.25	38.2	105.53	86.4	16.61	13.6
西部地区	48.34	44.9	59.32	55.1	109.47	75.3	35.91	24.7

资料来源：《2003－2013 全国农村公路统计手册》。

以上通过从农用地农村公路密度值、农村公路通达情况和农村公路技术等级三个角度的分析可以看出，我国东部、中部和西部地区农村公路的发展不论是从量上还是质上，存在着不均衡情况，主要表现为东部

地区建设较好、发展较快，而西部地区农村公路各方面发展明显落后。

6.3　农村公路均等化判定

以农村公路均等化发展为依据，作为农村公路财政资金转移支付的依据，首先应科学合理地判定区域农村公路的发展状况。

笔者对如何判定农村公路均等化进行了一系列研究，不同阶段的研究成果为：第一阶段用农村公路综合密度进行判定；第二阶段考虑运输需求的满足，用民众满意度对综合密度指数进行修正；第三阶段考虑公路与经济发展的适应性，研究了基于经济发展的角度对农村公路均等化的判定。不同阶段研究的成果，可用于不同层次判定的需要。下面依次介绍这方面的研究成果。

6.3.1　基于综合密度的指标判定

1. 指标的选取思路

农村公路的区域均等化从根本上讲是各个地区的居民能够获取相同的农村公路服务和享受相同的农村公路产品。因为农村公路主要是为农村居民的农业运输、农业生产、农民出行服务，而农村居民的农业生产对象主要就是农业用地，农民出行主要决定于农村人口数量，所以介于各地因地域和人口的不同，导致其对农村公路的需求总量不同，单纯的农村公路总量不具有可比性。为了客观测算和准确判定某一地区的农村公路区域均等化水平，就要考虑各地区由于人口、地域面积上的差异而导致的对农村公路资源分布的区域不均衡。笔者认为，用以上所列举的单一公路密度指标来衡量不同区域间的农村公路建设发展情况，横向可比性差，甚至可能会出现相互矛盾的结论，无法充分说明全国各地农村公路发展状态的先进与落后，更无法说明各地农村公路的区域均等化水平。

农村公路这一公共产品，主要是为满足农村地区的农业运输、农业生产、农民出行，具体来说就是农用地上所进行的农业生产和农村居民的出行所产生的运输需求。因此，在对农村公路这一公共产品的区域均等化进行判定时，就要落实到无差别的单个被服务群体，具体来说就是单个无差别的农村居民；同时，农村公路的服务效用，主要是通过满足农村居民的农业生产来实现的，可以说，农村居民数量与农业生产的对象减土地的数量差异，决定了各区域对农村公路需求量的不同。因此，农村公路的区域均等化，就是要保证单个无差别的农村居民在单位面积的农村土地生产过程中，获得相同数量的农村公路。为了从这一角度客观地分析评价农村公路的区域均等化水平，从区域内全体居民到单个无差别的农村居民这一分析过程中，就要剔除掉因为地区人口和区域面积对农村公路需求数量的差异化影响因素；又因为农村公路服务对象和服务范围的局限性，所以本书将影响因素具体到区域农村人口和区域农用地面积。

综合以上分析，为了克服上述单一指标在衡量农村公路区域均等化水平时的缺陷，选取前面所提到的农用地公路密度和农村人口公路密度这两个指标的几何平均数，作为衡量农村公路的区域均等化水平的评价指标。本书将评价指标称为农村公路综合密度。

2. 指标的选取

在此将评价指标称为农村公路综合密度。具体计算公式如下：

农村公路综合密度 = 按农用地面积计算的农村公路密度与按农村人口计算的村公路密度的几何平均数

$$D = \sqrt{D_S \times D_R} \qquad (6-1)$$

$$D_S = L/S \qquad (6-2)$$

$$D_R = L/R \qquad (6-3)$$

D：农村公路综合密度；

D_S：按农用地面积计算的农村公路密度；

D_R：按农村人口计算的村公路密度；

L：农村公路里程；

S：农用地面积；

R：农村人口数。

3. 判定方法

农村公路的区域均等化从根本上说是以各个地区的居民能够获取相同的农村公路服务和享受相同的农村公路产品，即具有相同的农村公路使用价值。所以再从这一角度，运用农村公路综合密度这一指标对农村公路的区域均等化进行判定时，实际上就是判断在现行农村公路建设资金转移支付机制下的各地农村公路是否实现了某一大体相同的水平，如果没有达到，则实际的差距程度有多大。为了实现对农村公路的区域均等化水平的定量的分析判断，我们需要界定对应的区域农村公路均等化标准和区域均等化水平。

综合以上分析，在此用区域内各地区的农村公路综合密度的平均值代表区域农村公路均等化标准，相应的区域均等化水平用区域内各地区的农村公路综合密度的标准差来表示。具体计算式如下：

农村公路均等化标准 = 各地区的农村公路综合密度的平均值

$$E_D = 1/n \sum_{i=1}^{n} D_i \qquad (6-4)$$

E_D：农村公路均等化标准；

n：区域内地区数量；

D_i：区域内各地区的农村公路综合密度，i = 1，2，3，……，n。

均等化水平 = 各地区的农村公路综合密度的标准差

$$Y = \sqrt{\sum_{i=1}^{n} (D_i - E_D)^2} \qquad (6-5)$$

其中：

Y：均等化水平；

E_D：农村公路均等化标准；

n：区域内地区数量；

D_i：各地区的农村公路综合密度，i = 1，2，3，……，n。

4. 基于综合密度的实证分析

（1）静态分析。

本部分运用研究的综合密度判定指标方法，判定全国农村公路均等化发展状况。

利用综合密度评价指标，对全国各省份的农村公路区域均等化水平进行分析。在表 6－4 中列出了 2010 年全国各省份的农村公路按照农用地面积计算和按照农村人口计算的公路密度，进而计算出全国各省份的农村公路综合密度，并且将相关数据按照综合密度值降序排列；表 6－5 中则根据各省份的综合密度排名和各省份所属区域进行了分类统计。

表 6－4　　　　　　2010 年底全国各省份农村公路区域均等化水平

序列	省份	D_S（千米/100 平方千米）	D_R（千米/万人）	D
1	海南	199.25	310.29	248.65
2	上海	47.43	282.69	115.79
3	江苏	48.88	249.66	110.47
4	重庆	75.97	151.93	107.43
5	湖北	71.49	150.72	103.8
6	北京	65.12	156.41	100.92
7	辽宁	80.09	122.15	98.91
8	广东	60.19	142.57	92.63
9	天津	38.36	149.57	75.75
10	湖南	51.60	104.89	73.57
11	贵州	52.41	91.54	69.27
12	吉林	77.62	60.55	68.56
13	陕西	62.40	71.97	67.01
14	江西	50.14	89.14	66.85
15	山西	46.05	84.05	62.22
16	安徽	32.68	103.66	58.20
17	广西	44.97	74.32	57.81
18	河北	32.90	100.81	57.59
19	山东	27.78	117.56	57.15

续表

序列	省份	D_S(千米/100 平方千米)	D_R(千米/万人)	D
20	云南	58.57	55.64	57.09
21	福建	41.50	68.18	53.19
22	四川	48.19	57.03	52.42
23	甘肃	57.97	43.09	49.97
24	河南	21.29	102.47	46.71
25	宁夏	51.59	41.65	46.35
26	新疆	89.81	18.49	40.75
27	青海	148.22	10.98	40.33
28	西藏	210.43	5.99	35.51
29	黑龙江	47.09	21.14	31.55
30	浙江	8.21	20.64	13.01
31	内蒙古	9.20	1.09	3.17

资料来源:《2011 中国农村统计年鉴》。

表 6-5　　　　　　全国各省份农村公路区域均等化水平分布　　　单位:个

综合密度排名区间	所属区域内省市数目		
	东部	中部	西部
1~10	7	2	1
11~20	2	4	4
21~31	2	2	7

对比表 6-5 中数据可以看出,全国各省份的农村公路综合密度各不相同,而且很明显存在东、中、西部之间地区差异化,农村公路的分布表现出一种区域的非均等化现象。在 31 个省份中,农村公路综合密度呈现出一种东部大于中部、中部大于西部的趋势,由此可以推断现行的农村公路建设资金转移支付机制并不利于农村公路的区域均等化发展。

(2) 动态分析现行转移支付方式下的农村公路均等化趋势。

在对全国各省份 2010 年底的农村公路密度进行了静态对比分析后,再选取各省份 2006 年底和 2010 年底的两个时期的农村公路综合密度数据进行对比,通过各省份农村公路综合密度在 5 年内的变化,动态地分析现行农村公路建设资金转移支付机制对农村公路均等化的作用。

表6-6列出了2006年和2010年的全国各省份农村公路综合密度以及综合密度变化值，并且根据综合密度变化值的大小进行了降序排列；表6-7则分析了2006年和2010年全国各省份农村公路综合密度的平均值和标准差。通过表格数据对比可以看出，相对于2006年，2010年全国各省份的农村公路综合密度变化幅度很大，东部省份大多表现出农村公路综合密度上升，而西部省份大多表现出农村公路综合密度下降的趋势。总体来看，在2006~2010年间，各省份的农村公路综合密度平均值变化不大，但标准差却提高很大，由此可以得出，在现有的农村公路建设资金转移支付机制下，相对于2006年，2010年全国各省份的农村公路区域分布整体水平没有提高，反而发生了大幅度的波动，全国各省份的农村公路的区域均等化水平降低了。由此说明，现行的农村公路建设资金转移支付机制不利于农村公路的区域均等化。

表6-6　　　　现行转移支付下全国各省份农村公路区域均等化水平的变化

序列	地区	综合密度（2006年）	综合密度（2010年）	综合密度变化值
1	海南	39.61	248.65	209.04
2	江苏	64.17	110.47	46.30
3	广东	56.53	92.63	36.10
4	辽宁	63.24	98.91	35.67
5	上海	80.81	115.79	34.98
6	广西	34.93	57.81	22.88
7	天津	53.28	75.75	22.47
8	重庆	87.96	107.43	19.47
9	湖北	84.92	103.80	18.88
10	四川	34.44	52.42	17.98
11	吉林	52.18	68.56	16.38
12	陕西	56.41	67.01	10.60
13	贵州	62.93	69.27	6.34
14	江西	60.87	66.85	5.98
15	湖南	67.66	73.57	5.91

序列	地区	综合密度（2006 年）	综合密度（2010 年）	综合密度变化值
16	河北	53.76	57.59	3.83
17	甘肃	49.79	49.97	0.18
18	安徽	60.36	58.20	-2.16
19	福建	56.03	53.19	-2.84
20	云南	69.03	57.09	-11.94
21	山东	70.49	57.15	-13.34
22	宁夏	61.66	46.35	-15.31
23	山西	79.06	62.22	-16.84
24	新疆	59.19	40.75	-18.44
25	北京	124.91	100.92	-23.99
26	黑龙江	59.08	31.55	-27.53
27	河南	76.28	46.71	-29.57
28	浙江	52.30	13.01	-39.29
29	内蒙古	61.94	3.17	-58.77
30	青海	107.80	40.33	-67.47
31	西藏	182.43	35.51	-146.92

资料来源：2007 年、2011 年《中国农村统计年鉴》；2007 年、2011 年《中国统计年鉴》。

表 6-7　　　现行转移支付下全国各省份农村公路区域均等化水平的变化分析

项目	2006 年	2010 年
各省份农村公路综合密度平均值	68.52	69.76
各省份农村公路综合密度标准差	28.31	43.05

6.3.2　基于公众满意度均等化的分析

1. 指标选取思路

农村公路发展状况指标的选取需要考虑农村公路的基本功能。农村公路的功能主要是为农业生产及农村人口出行服务，同时，农村公路的建设不是绝对数的平均，农村公路的修建也要考虑效率，效率应表现在对运输需求的满足程度。基于上述分析，农村公路发展状况的指标应能体现农村公路对农业生产及农村人口出行的满足程度。

评价农村公路均等化单纯从里程数上来看不具有可比性，按照上文指标选取原则，充分结合农村的生产服务和生活服务两个方面，本书将选用"农用地""农村人口"和"农村公众满意度"作为农村公路均等化评价指标。选取原因有以下几点。

一是农用地作为农业生产和农产品供给的重要生产资料，其产能和效能是为农民带来利益的主要来源，农用地的分布代表了农村的经济基础和经济能力，以农用地占有量作为评价农村公路均等化的指标具备理论价值和现实意义；二是农村人口是最稳定的农村经济生产力，是农业产品的生产者，农业地的使用者，农村经济消费的主要群体，也是农村交通运输的主要对象，不同区域人口数量不同，对农村公路的需求也必然不同，人口数量对当地公路修建的影响也是显而易见；三是单一的密度值显然无法评断出公路建设密度的合理性，而公路的里程数也仅表明通达量，无法体现农村公路对地方交通需求的实际适应性、合理性和必要性。例如，对某些地区不考虑实际合理需求，而是一味新增里程数，民众实际上并不需要，反而加重的建养费用变为负担，无法得到民众的真正满意。因此，本书在评价农村公路均等化时，采用了民众满意度和实际需求作为考虑因素之一。

2. 指标公式的建立

农村公路均等化发展水平如果仅从密度值上考量，单一的密度评价标准不足以充分说明问题，其横向比较过程中有一定的局限性，由于受到社会经济发展和地理条件特殊性的影响，无法客观反映各地区农村公路发展的真实情况，更无法分析出各地区农村公路均等化的实际水平。

农村公路就是为了满足农村地区的农业运输、农业生产和民众出行的需求，农村人口数量和农业地面积的差异决定了各地区对农村公路需求量的不同。为了克服用单一密度指标衡量公路建设情况产生的片面性，本部分将采用农村人口数量与农村公路里程密度值、农用地面积与农村公路里程密度值、民众满意度三项指标，运用几何平均再加权的方法，计算出一个综合指标数值，以此来考量农村公路区域均等化水平。

具体计算方式如下：

$$M_0 = \sqrt{M_1 \times M_2} \times \beta \quad (M_1 = L/S; M_2 = L/R) \qquad (6-6)$$

其中：

M_0：农村公路综合指标；

M_1：农用地面积与农村公路里程密度值；

M_2：农村人口与农村公路里程密度值；

L：农村公路里程数；

S：农用地面积；

R：农村人口数；

β：民众满意度。

3. 实证分析

（1）实证资料选取。

2005 年 10 月，交通部第一次在全国范围内深入开展农村公路通达情况专项调查工作，调查的目的是为了厘清农村公路建设基本情况，加强对农村公路建设项目和公路通达情况的动态管理。通过此项工作，我国建立起了科学规范的农村公路统计体系，规范并统一了区域范围、等级划分和计量口径，为推进全国农村公路建设提供了可靠的信息和数据支撑。2006 年开始全国农村公路统计数据相对完整和准确，并且也是国家"十一五"发展规划建设的第一年；2012 年则可以反映当时我国农村公路建设发展的状况，又是实施"十二五"农村公路规划承上启下的重要一年；本部分选取 2006 年和 2012 年全国各省份农村公路建设情况为实证资料来源，运用综合指标分析法、聚类方法等，通过横向和纵向对比、静态指标与动态指标分析对全国各地区农村公路均等化情况进行评价。

（2）综合指标计算。

根据提出基于民众满意评价指标，对 2006 年和 2012 年全国各省（自治区、直辖市）农村公路均等化综合指标计算结果如表6-8和表6-9所示。

表6-8   2006年全国各省份农村公路的区域均等化水平

地区		农用地密度值	人口密度值	民众满意需求度	综合指标
东部地区		105.92	37.61	0.88	55.54
中部地区		49.59	45.90	0.80	38.17
西部地区		30.04	45.27	0.70	25.82
排序	省份	M_1（L/S）	M_2（L/R）	β	M_0
1	东部 上海	237.09	42.92	0.88	88.77
2	东部 北京	152.32	66.56	0.88	88.61
3	东部 山东	155.05	35.97	0.88	65.72
4	西部 重庆	135.02	64.45	0.70	65.30
5	东部 江苏	168.55	32.00	0.88	64.63
6	中部 河南	173.84	34.76	0.80	62.19
7	中部 湖北	111.98	51.74	0.80	60.89
8	东部 广东	105.49	45.25	0.88	60.80
9	东部 浙江	97.83	39.35	0.88	54.60
10	中部 安徽	120.73	36.10	0.80	52.81
11	东部 辽宁	74.65	47.79	0.88	52.56
12	东部 天津	112.84	30.23	0.88	51.40
13	西部 山西	97.24	51.95	0.70	49.75
14	中部 湖南	87.42	41.43	0.80	48.14
15	东部 福建	71.27	41.76	0.88	48.01
16	中部 江西	81.65	44.05	0.80	47.98
17	东部 河北	95.09	29.95	0.88	46.96
18	中部 吉林	44.18	56.63	0.80	40.02
19	西部 云南	55.82	57.41	0.70	39.63
20	中部 黑龙江	32.57	69.81	0.80	38.15

续表

排序	省份		M₁（L/S）	M₂（L/R）	β	M₀
21	东部	海南	50.56	32.04	0.88	35.42
22	西部	贵州	66.62	37.72	0.70	35.09
23	西部	陕西	54.46	45.21	0.70	34.73
24	西部	宁夏	39.08	47.88	0.70	30.28
25	西部	甘肃	33.86	45.17	0.70	27.38
26	西部	新疆	17.54	86.76	0.70	27.31
27	中部	内蒙古	11.32	89.82	0.80	25.51
28	西部	广西	43.43	25.56	0.70	23.32
29	西部	青海	8.74	115.45	0.70	22.24
30	西部	四川	33.27	26.97	0.70	20.97
31	西部	西藏	3.94	149.96	0.70	17.02

资料来源：《2007 年中国统计年鉴》《2003－2013 全国农村公路统计手册》。

表 6－9　　　　2012 年全国各省份农村公路的区域均等化水平

地区		农用地密度值	人口密度值	民众满意需求度	综合指标
东部地区		122.46	47.43	0.88	67.06
中部地区		56.32	58.40	0.80	45.88
西部地区		40.49	69.03	0.70	37.01

排序	省份		M₁（L/S）	M₂（L/R）	β	M₀
1	东部	上海	296.40	42.71	0.88	99.01
2	东部	江苏	209.28	47.97	0.88	88.17
3	东部	北京	159.38	61.08	0.88	86.82
4	东部	山东	187.85	47.16	0.88	82.83
5	西部	重庆	157.31	85.92	0.70	81.38
6	中部	湖北	136.07	74.20	0.80	80.38
7	东部	天津	154.63	41.04	0.88	70.10
8	中部	河南	182.74	41.45	0.80	69.62
9	东部	浙江	118.09	50.80	0.88	68.16

续表

排序	省份		M_1（L/S）	M_2（L/R）	β	M_0
10	东部	广东	115.36	49.74	0.88	66.66
11	中部	安徽	135.34	47.27	0.80	63.99
12	西部	山西	118.45	68.26	0.70	62.94
13	中部	湖南	105.33	53.22	0.80	59.90
14	东部	辽宁	78.74	58.62	0.88	59.79
15	中部	江西	95.05	56.95	0.80	58.86
16	西部	贵州	99.24	68.27	0.70	57.62
17	东部	福建	77.04	54.61	0.88	57.08
18	西部	陕西	78.94	77.75	0.70	54.84
19	东部	河北	106.63	35.98	0.88	54.51
20	东部	海南	73.70	48.49	0.88	52.61
21	西部	云南	58.58	65.79	0.70	43.46
22	西部	四川	63.12	58.68	0.70	42.60
23	中部	吉林	46.20	59.49	0.80	41.94
24	西部	甘肃	48.01	72.61	0.70	41.33
25	中部	黑龙江	33.66	77.26	0.80	40.80
26	西部	宁夏	50.67	66.31	0.70	40.58
27	中部	内蒙古	14.25	128.96	0.80	34.29
28	西部	新疆	20.24	102.08	0.70	31.82
29	西部	青海	11.76	170.90	0.70	31.39
30	西部	广西	52.29	35.33	0.70	30.09
31	西部	西藏	6.48	211.21	0.70	25.89

资料来源：《2013年中国统计年鉴》《2003－2013全国农村公路统计手册》。

（3）计算说明。

首先，分别将2006年和2012年各地区农用地面积和农村公路里程数计算出密度值M_1，各地区农村人口数量和农村公路里程数计算出密度值

M_2，再用民众满意度 β 将 M_1 和 M_2 的几何平均值加权，分别计算出各省份农村公路区域均等化综合评价指标 M_0，最后按综合评价指标 M_0 值将各省按降序排列。其次，本书采用的 β 值，为调研过程中，在东部、中部、西部地区分别选取的部分省、自治区、直辖市，发出并收回的有效调查问卷表，综合测算的平均值。在本书实例分析计算中，将东部、中部、西部地区内各省份视为满意度相近或一致，故同地区各省份采用相同的 β 值。最后，在计算中，农用地面积单位取"万公顷"，农村人口数单位取"万"，农村公路里程数取"公里"；最终计算结果取小数点后两位。

（4）综合指标变化值计算。

结合表 6-8 和表 6-9 中计算结果，分别采用 2006 年和 2012 年全国各省（自治区、直辖市）的综合指标值 M_1 和 M_2，计算出综合指标增长值 M_X，即为 2006~2012 年六年间各区域综合密度值的变动情况（见表 6-10）。

表 6-10　　　　2006~2012 年间各省份农村公路均等化水平变动情况

省份	综合指标增长值	省份	综合指标增长值	省份	综合指标增长值
上海	10.24	湖北	19.49	青海	9.15
江苏	23.55	内蒙古	8.78	陕西	20.11
天津	18.70	湖南	11.75	重庆	16.09
山东	17.11	江西	10.88	甘肃	13.95
海南	17.19	安徽	11.18	山西	13.19
浙江	13.56	河南	7.43	宁夏	10.30
福建	9.07	黑龙江	2.65	广西	6.76
河北	7.55	吉林	1.93	新疆	4.51
辽宁	7.23	西藏	8.87	云南	3.83
广东	5.86	贵州	22.53	—	—
北京	-1.78	四川	21.63	—	—

（5）指标分析。

① 静态指标分析。

从区域整体统计情况来看，可得出以下结论：2006 年和 2012 年情况大致相近，即东部地区综合指标数值最高，中部地区次之，西部地区综合指标数值最低；2006 年和 2012 年东部地区综合指标分别是西部地区的 2.1 倍和 1.5 倍。

从表 6 - 10 区域内各省（自治区、直辖市）统计情况来看：一是 2006 年和 2012 年综合密度值前十位的，东部地区省份所占比例最大，西部地区只有重庆市；二是中部地区相比其他地区，农村公路建设平均水平居中；三是西部地区农村公路建设综合水平较低，绝大多数省份排名在后十位；四是同属一个区域的省份也存在差异，例如，东部地区的海南省排名靠后，而西部地区的重庆市占位靠前。

可见，农村公路区域均等化水平在东部、中部、西部地区之间，在各个省份之间的分布，均呈现出一种非均等化现象（见表 6 - 11）。

表 6 - 11　　　　2006 年和 2012 年各省份农村公路均等化水平分布　　单位：个

综合密度排名区间	区域内省份数量					
	东部地区		中部地区		西部地区	
	2006 年	2012 年	2006 年	2012 年	2006 年	2012 年
1 ~ 10	6	7	3	2	1	1
11 ~ 20	4	4	4	3	2	3
21 ~ 31	1	0	1	3	9	8

② 动态指标分析。

表 6 - 9 中，2012 年综合密度值 M_0，反映的是当年各省份农村公路建设水平，表 6 - 10 中综合密度增长值 M_X，反映的是 2006 ~ 2012 年期间各省份农村公路发展速度。本书通过 SPSS 软件对全国 31 个省份做聚类分析，结合这两个评价指标，对各个省份的综合发展情况给予评价（见图 6 - 1 和图 6 - 2）。

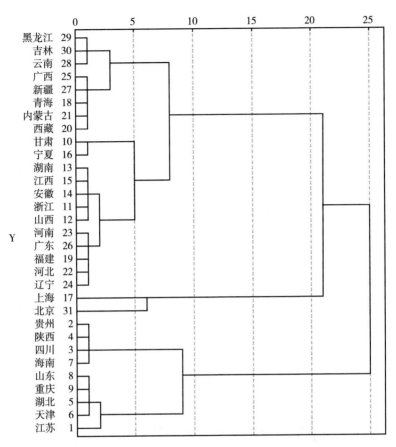

图 6-1   2012 年全国各省份农村公路建设聚类分析

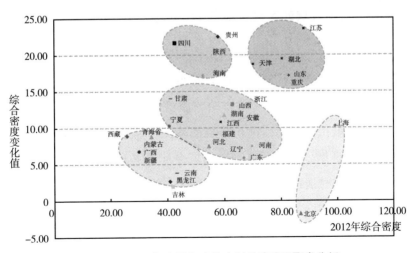

图 6-2   2012 年全国各省份农村公路建设聚类分析

依据两图分析：全国 31 个省份可分为五个类组如表 6 – 12 所示。

表 6 – 12　　　　　全国各省份聚类分组及对比描述情况

聚类分组	省份	对比描述	
		建设水平	增长速度
A 组	上海、北京	高	慢
B 组	江苏、山东、重庆、湖北、天津	高	快
C 组	河南、浙江、广东、安徽、山西、辽宁、湖南、江西、福建、河北、甘肃、宁夏	中	中
D 组	贵州、陕西、海南、四川	低	快
E 组	云南、吉林、黑龙江、新疆、内蒙古、青海、广西、西藏	低	低

通过分析可以看出，全国各省份农村公路区域均等化建设存在一定差异，如 B 组地区建设水平高，发展速度也快，而 E 组地区建设水平低，发展速度慢，两组形成较为鲜明的对比。

由此可得出评价结论：我国的农村公路区域均等化建设水平尚需要进一步完善和提高，相关政策可以优先向双低地区（E 组）倾斜。

6.3.3　基于经济发展的农村公路均等化判定

1. 基于经济发展的农村公路均等化界定

2010 年党的十七届五中全会再次强调了将农村基础设施和公共服务均等化发展，作为推进城乡经济社会发展一体化和现代化农村建设发展的重要目标。有效推进农村"基本公共服务均等化"的基本理念，强化政府职能及政策执行力度，重点增强农村公共服务的供给水平，使原有的城市居民分享型公共服务体制转向城乡居民共享型的公共服务体制，对处境不利的农村居民进行倾斜配置和优先扶持，让各地区农民群众享受到与城市居民相同的公共交通服务，是农村经济协调发展与社会建设的主要目标，也是农村公共服务均等化的现实体现。

均等化并不是被认定为"一个结果"，而是在不同的农村经济发展区间和环境下，被认定为"一个过程"。基于当前我国城乡、区域间农村建设差异的客观现状，根据福利经济学以及公共服务均等化理论思路，本部分认为：农村公路的均等化评价，一是以区域经济社会发展水平相适应为标准，考虑农村公路的发展与经济发展相互适应；二是从均衡角度出发，农村公路的均等化发展中的均等绝不是绝对平均，区域农村公路的均等化发展不是限制式发展与平均式发展，而是区域整体共同发展。公路网均衡发展不是"削峰填谷"，而是"造峰扬谷"；不是阻碍发达地区公路网发展，而是在与经济发展相适应的前提下，寻求发达地区发展的同时兼顾落后地区的发展。

基于上述分析，基于经济发展状况，将农村公路均等化界定为在农村公路发展的过程中，以缩小贫富差距为目的，实现与经济状况相匹配的农村公路建设，最终使全体农村居民享有大致均等的农村公路使用状况。

由于基本公共服务均等化涉及的领域宽泛，且每个领域都有自身的特点，因此现有的评价原则与标准各式各样，不一而足。要想全方位对农村公路均等化做出评价，就必须具有针对性，所以本书认为，要正确评价农村公路的均等化发展现状必须要从农村公路的基本功能入手。农村公路网的基本功能就是满足区域内因农业生产和农民生活而产生的运输需求。不同地区的农村经济状况和农村路网必然存在显著差异，但只要它们保持发展态势，且分别能够满足当地农村的运输需求，允许适度超前，就可以认定我国的农村公路网发展是整体均衡的。为此，构建两套指标体系，一套反映当前农村公路网现状，另一套反映当前农村社会、经济发展现状，通过研究各个地区农村经济和农村路网的耦合协调程度来评价农村路网的整体均等化情况。

以农村公路均等化评价分析为研究基础，在构建农村公路建设项目社会经济评价指标体系时，以农村公路社会经济评价指标体系的设计为基础，兼顾农村公路均等化发展，按照指标体系的设计方法，选取并确定基于经济状况的农村公路均等化评价指标。此套指标把农村公路现状指标体系、农村社会经济发展现状指标体系作为评价一级指标，再构建农村公路基本建设、农村公路运行与发展、农业生产与农村经济发展、农民生活四大指标作为农村公路建设项目社会经济评价指标体系的二级指标，在此基础上选取并建立相应的三级指标如图6-3所示。

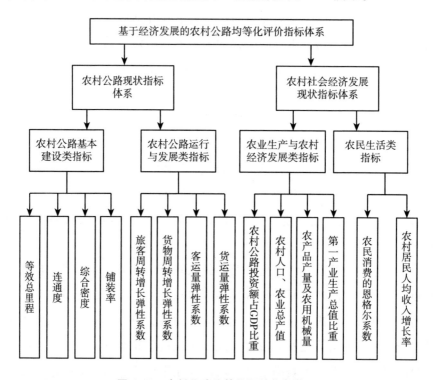

图6-3 农村公路均等化评价指标体系

2. 指标体系的含义

（1）农村公路现状指标的含义。

从2003年大规模建设农村公路开始，我国集中力量加快农村公路发展，组织实施了乡镇和建制村通达、通畅工程。农村公路数量及质量都有了很大的提高。本部分设置农村公路现状指标评价体系，从农村公路基本建设与农村公路运行两个方面量化评价农村公路发展状况。指标具体内容与含义如下。

① 农村公路基本建设类指标。

A. 等效里程。农村公路等级差异大，包括一级、二级、三级、四级及等外公路。仅按里程来衡量，不能全面反映各区域农村公路发展状况，用等效里程来衡量，能有效反映农村公路建设数量和质量。等效里程就是指以某种公路等级为标准等级公路，把其他等级公路里程按一定的标准，折算成标准等级公路的等量里程。截至 2013 年底，全国农村公路里程是 378.48 万公里[①]，其构成具体如图 6 - 4 所示。

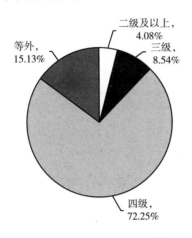

图 6 - 4　全国农村公路技术等级

从图 6 - 4 可看出，四级公路是目前农村公路的主体，所占比例达到 72.25% 以上，等外公路占到 15.13%。这说明农村公路的技术等级偏低，大多处于四级及等外公路水平。依据农村公路技术等级结构组成的现状，本课题选择四级公路作为标准等级，依据交通运输部公路局颁布的《公路工程技术标准》，考虑适应日交通量、公路车道数，将农村公路的各等级公路及等外公路，折算为可比的四级公路，具体折算公式如下：

$$L = \sum_{j=0}^{5} b_j \times x_j \times m_j \qquad (6 - 7)$$

其中：L 为标准四级公路一个车道的里程（公里）；

b_j 为 j 级公路一个车道的等效系数，m_j 表示 j 级公路的车道数（条）；

x_j 为 j 级公路的实际里程（公里），j = 0、1、2、3、4、5，分别代

---

① 2003 - 2013 全国农村公路统计手册［Z］. 交通运输部公路局，2014.

表高速、一级、二级、三级、四级、等外公路（见表6-13）。

表6-13 各级公路的等效系数

公路等级	车道数 m_j（条）	适应交通量 c_j（辆小客车/日）	等效系数 b_j
高速公路	4	25000	62.50
一级公路	4	12500	31.25
二级公路	2	5000	25.00
三级公路	2	2000	10.00
四级公路	2	200	1.00
等外	2	100	0.50

资料来源：2003-2013全国农村公路统计手册［Z］．交通运输部公路局，2014.

B. 综合密度。农村公路主要满足农用地上所进行的农业生产和农村居民的出行所产生的运输需求，所以农村居民数量和农业生产的对象——土地的数量差异，决定了各区域对农村公路需求量的不同。考虑上述因素这里的人口选取农村人口，土地面积选取农用地面积，计算公式如下：

$$D = \sqrt{\frac{L}{A} \times \frac{L}{P}} = \frac{L}{\sqrt{A \times P}} \qquad (6-8)$$

其中：D—农村公路网综合密度；

L—区域内农村公路等效总里程（公里）；

A—区域内农用地面积（平方公里）；

P—区域内农村人口总数（万人）。

C. 连通度。从我国现实情况分析，我国城镇建设较完善，但农村公路网欠发达，因此农村公路网的发达与否直接决定一个地区的公路网的建设水平。在我国，公路网的合理密度应该是农村公路的通达度，以行政村为节点来确定路网规模的通达度。计算如下：

$$Cn = \frac{Ln/\xi}{\sqrt{A \times N}} \qquad (6-9)$$

其中：Cn—连通度；

Ln—公路里程；

A—区域面积；

N—区域内应连通的节点。一般根据行政区划来确定区域内应连通的节点。

ξ—区域公路网的变形系数，其值与地形分布及节点空间分布情况有关。一般来说，对于地形条件较为复杂的地区，ξ 的取值大致为 1.30 – 1.65，对于地形条件较好的地区，ξ 的取值大致为 1.10 – 1.30。

D. 铺装率。农村公路铺装率与路网通行能力和服务水平相关，它既影响行车质量，又直接影响农村公路运输的经济效益，其指铺设水泥、沥青的硬化水泥路面占总路面的比例。

② 农村公路运行与发展类指标。

在此类指标选取过程中，本书没有简单地选取客运量、客运周转量、货运量、货运周转量，而是选择增长弹性系数，主要原因是此类指标反映了农村公路运行与经济增长的关系，体现了客运量、客运周转量、货运量、货运周转量与经济的适应性情况。

A. 旅客周转增长弹性系数。旅客周转量增长弹性系数是指同一时期公路旅客周转量增长率与国民生产总值增长率的比值，其公式为：

旅客周转增长弹性系数 = 公路旅客周转量增长率/GDP 增长率

B. 货物周转增长弹性系数。货物周转增长弹性系数是指同一时期货物周转量增长速度与国民经济主要指标增长速度之比，其公式为：

货物周转增长弹性系数 = 公路货物周转量增长率/GDP 增长率

C. 客运量增长弹性系数。客运量增长弹性系数是反映同一时期旅客运输量增长与经济发展增长间的关系的一个指标，其公式为：

客运量增长弹性系数 = 客运量增长率/GDP 增长率

D. 货运量增长弹性系数。货运量增长弹性系数是反映同一时期运输业的发展与经济发展间关系的一个指标，其公式为：

货运量增长弹性系数 = 货运量增长率/GDP 增长率

E. 农村路网建设投资占 GDP 比重。该指标反映了在一定时期内（一般按年计）某地区对于农村公路建设的投入情况，其计算公式为：

$$农村公路建设投资额占 GDP 比重 = \frac{完成农村公路投资额}{该地区生产总值}$$

③ 农村社会经济发展现状指标含义。

选取农村社会经济发展现状指标，主要是评价农村公路的建设对农村地区经济发展方面的影响，是农村经济和农村路网的耦合协调程度评价指标的重要组成部分。其具体含义如下。

A. 农业生产与农村经济发展类指标。

a. 地区农业总产值。指以货币表现的农、林、牧、渔业全部产品的总量，它反映一定时期内农业生产总规模和总成果。

b. 人均农业产值。作为衡量农村经济发展状况的指标，是将过去一年内地区农业生产总值与该地区农村人口相比进行计算，是反映该地区人均生活水平的指标。

c. 主要农产品产量。该指标反映该地区运输量的大小及农业的生产能力，往往农产品的产量增多，对农民的增收起着重要作用。

d. 主要农用机械拥有量。该指标是农村先进生产力的代表，是农民增收致富的工具，其在提高农业综合生产能力、保障农产品有效供给方面起到支撑作用。

e. 第一产业生产总值比重。按照我国统计对第一产业的规定，第一产业指农业，包括林业、牧业、渔业，该指标主要反映我国农村地区的生产规模。

B. 农民生活类指标。

a. 农民消费的恩格尔系数。这是反映居民富裕程度和生活水平及质量的重要指标，它等于居民用于食物消费的支出与总消费支出之比。一般来说，居民收入水平越高，其恩格尔系数越小。

b. 农村居民人均收入增长率。该指标反映了农民经济收入变化情况，减少城乡经济发展差距正是农村公路建设最根本的目的，这不但涉及农村经济发展问题，更是社会公平发展的一个根本体现。

3. 指标的无量纲化

在指标的选取过程中，由于各指标量纲单位并不统一，无法直接计算，因此在计算之前，必须对各指标进行标准化处理，方法有：线性变换法、极差变换法、无量纲化处理与最优值相除法等。本部分采用了无量纲化处理，计算公式为：对于正向指标，其标准化函数为：

$$X_i \begin{cases} 0 & x_i = m_i \\[2mm] \dfrac{x_i - M_i}{M_i - m_i} & m_i < x_i < M_i \\[2mm] 1 & x_i = M_i \end{cases} \qquad (6-10)$$

对于逆向指标，其均等化函数为：

$$X_i \begin{cases} 0 & x_i = M_i \\[2mm] \dfrac{M_i - x_i}{M_i - m_i} & m_i < x_i < M_i \\[2mm] 1 & x_i = m_i \end{cases} \qquad (6-11)$$

其中，X_i 为无量纲化后指标，x_i 为指标项最小值，M_i 为指标项最大值。

在指标数据的无量纲化处理过程中，稳定性是实际应用中常见的问题，无量纲化的稳定性是指规范化结果对于个别（或若干）指标观测数据个数增减的敏感性，敏感性越低，说明无量纲化过程的稳定性越好，反之越差。在进行基于经济的农村公路均等化评价指标的无量纲化过程中，由于个别省份的运输量弹性系数指标变化较大，数据不稳定，因此在无量纲化过程中，要剔除异常值，保证无量纲化的稳定性。调整异常值的方法，即：

$$x_{ij} = \begin{cases} \max^{(p_j)}, & x_{ij} > \max^{(p_j)} \\[2mm] x_{ij}, & \min^{(l_j)} \leqslant \max^{(p_j)} \\[2mm] \min^{(l_j)}, & x_{ij} < \min^{(l_j)} \end{cases} \qquad (6-12)$$

其中，$\max^{(p_j)}$，$\min^{(l_j)}$ 分别表示将指标 x_j 的观测值从大到小排序后得到的第 p_j 大及第 l_j 小的指标值。

4. 基于经济发展的农村公路均等化评价方法

在此，采用耦合度评价方法提出相关模型，评价农村公路发展与经济适应性。

（1）耦合协调度的概念。

耦合的概念来源于物理学，是指两个或两个以上的系统或运动方式之间通过各种相互作用而彼此影响的现象，是在各子系统之间的良性互动下，互相影响、相互协调、相互促进的动态关联关系。它强调系统间或系统内部要素间相互作用的强弱程度。目前，耦合的概念还可以理解为把某几种社会现象通过彼此的某种条件而有机联合起来的过程。基于这种认识，目前，此原理已经应用到了很多不同的领域。类似地，农村公路网和农村社会就是两个系统在一定条件下通过各自的耦合元素产生相互作用，彼此影响，形成二者的耦合。本书借助耦合协调度的数学模型进行研究。

（2）耦合度评价模型。

设 u_i（$i=1,\cdots,s$）为第 i 个系统的综合评分，C_s 为耦合度，其模型为：

$$C_s = \left\{\left(\prod_{i=1}^{s} u_i\right) \Big/ \left[\prod (u_i + u_j)\right]\right\}^{1/s}, i \neq j \qquad (6-13)$$

这里有 2 个系统，故 $s=2$。若假定 $f(X) = f(x_1, x_2, \cdots, x_m)$ 和 $g(Y) = g(y_1, y_2, \cdots, y_n)$ 分别表示农村公路网和农村社会经济的综合评价分，则有：

$$C \overset{\Delta}{=} C2 = \sqrt{\frac{f(X) \times g(Y)}{[f(X) + g(Y)]^2}} \qquad (6-14)$$

其中，C 为耦合度，且 $C \in [0,1]$。$C=1$ 代表农村路网与农村经济社会的耦合度最大，达到了良性共振耦合；$C=0$ 代表农村路网与农村经济社会的耦合度最小，意味着系统之间处于无关状态且向无序发展。

由于耦合度只强调系统间或系统内部要素间相互作用的强弱程度，不分利弊，也难以反映两个系统各自的发展水平，容易造成低水平发展下的高耦合度现象，而这种高耦合度与发展水平较高时的高耦合度具有不同的内涵。因此，不能单纯地使用耦合度公式，需要进一步引入耦合协调度模型。

协调度是指度量系统间或系统内部要素之间在发展的过程中，彼此和谐一致的程度，它可以体现系统由无序走向有序的趋势，是一种反映协调状况优与劣、好与坏程度的定量指标，其计算公式如下：

$$D = \sqrt{C \times T} \qquad\qquad (6-15)$$

其中：D 为耦合协调度，C 为耦合度。

$T = \sum_{i=1}^{s} \alpha_i u_i$，$\alpha_i \in [0,1]$，且 $\sum_{i=1}^{s} \alpha_i = 1$。当 $T \in (0,1]$ 时，有 $D \in [0,1]$。

由于 $s=2$，故：$T = \alpha_1 f(X) + \alpha_2 g(Y)$，$\alpha_1, \alpha_2$ 为待定参数且 $\alpha_1, \alpha_2 \in [0,1]$，$\alpha_1 + \alpha_2 = 1$。

（3）综合积分值的计算。

为应用上述评价模型，首先要计算农村路网和农村社会经济的综合评价分，即 $f(X) = f(x_1, x_2, \cdots, x_m)$ 和 $g(Y) = g(y_1, y_2, \cdots, y_n)$ 的值。为此首先给出相关概念。

模糊测度与模糊积分是模糊理论的重要组成部分，基于模糊积分的综合评价方法是一种多属性决策方法，适合处理各指标之间有关联、带有主观价值判断的问题。该方法既全面考虑评价系统所涉及因素、状态、特征的重要程度，也同时强调因素间相互关联、制约对整个评价结果的影响。决策者可根据实际需要，通过设定不同的参数值来满足不同的评价目的和需求，既可以鼓励各项指标均衡发展，也可以在均衡发展的同时鼓励突出重点。而本书注重指标体系的系统完整性，因此指标间会有内在联系，且在研究农村公路均等化时格外重视农村公路均等化与经济、社会发展之间的关系，强调它们之间的匹配与协调性，因此，这个方法非常适合研究的需要。具体概念如下：

① 模糊测度。

定义1：设 $X \neq \varnothing$，$\Gamma \in R(X)$，$\mu : \Gamma \rightarrow [0,1]$ 满足条件：

$<1> \mu(\varnothing) = 0, \mu(X) = 1$

$<2> \forall A, B \in \Gamma, A \subseteq B \Rightarrow \mu(A) \leqslant \mu(B)$

$<3> A_n \in \Gamma (n \in N), A_n \rightarrow A$ 且 $A \in \Gamma$

则有：$\lim_{n \to \infty} \mu(A_n) = \mu(A)$，称 μ 为模糊测度。

由于一般的模糊测度在计算时所需的资料过于庞大，因此日本学者提出用 g_λ 模糊测度，即 Sugeno 测度作为替代以降低资料收集难度，提高方法的实用性。

定义2：设给定的 $\lambda \in (-1, +\infty)$，$\Gamma \in R(X)$ 是 σ – 代数，$g_\lambda : A \rightarrow [0,1]$ 满足条件：

<1> $g_\lambda(X) = 1$；

<2> 若 A，B $\in \Gamma$，且 $A \cap B = \varnothing$ 则：$g_\lambda(A \cup B) = g_\lambda(A) + g_\lambda(B) + \lambda g_\lambda(A) g_\lambda(B)$；

<3> g_λ 是连续的。

则称 g_λ 为 λ 模糊测度或 g_λ 测度。

当 $X = (x_1, x_2, \cdots, x_n)$ 为有限集合，且各变量 x_i 对应的模糊密度为 $g(x_i)$ 时，g_λ 可以写成如下的形式：

$$g_\lambda(\{x_1, x_2, \cdots, x_n\}) = \sum_{i=1}^{n} g(x_i) + \lambda \sum_{i_1=1}^{n-1} \sum_{i_2=i_1+1}^{n} g(x_{i_1}) g(x_{i_2}) + \cdots$$
$$+ \lambda^{n-1} g(x_1) g(x_2) \cdots g(x_n)$$
$$= \frac{1}{\lambda} \left| \prod_{i=1}^{n} (1 + \lambda g(x_i)) - 1 \right|,$$
$$\lambda \in (-1, +\infty), \lambda \neq 0 \quad\quad (6-16)$$

② Choquet 模糊积分（见图 6 – 5）。

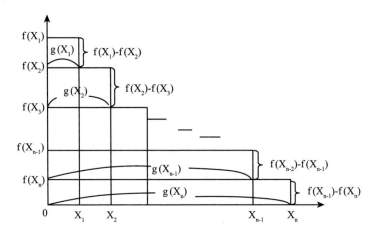

图 6 – 5　Choquet 模糊积分

模糊积分是定义在模糊测度基础上的一种非线性函数。模糊积分的方式很多，常见的有 Weber 积分，Zhenyuan 积分，Sugeno 积分及 Choquet 积分等。其中使用最为广泛的就是 Choquet 积分。

定义3：假设问题在不失去一般性状况下，$f(x_1) \geqslant f(x_2) \geqslant \cdots f(x_i) \geqslant \cdots f(x_n)$，则 f 的模糊测度 g 在 X 上的 Choquet 模糊积分为：

$$\int fdg = f(x_n)g(X_n) + [f(x_{n-1}) - f(x_n)]g(X_{n-1}) + \cdots$$
$$+ [f(x_1) - f(x_2)]g(X_1) \qquad (6-17)$$

在将模糊积分用于评价过程中，$f(x_i)$ 可视为待评价对象在特定属性上的表现，$g(x_i)$ 代表属性的主观重要程度，$g_\lambda(x_i)$ 与 $f(x_i)$ 的模糊积分值为待评价对象的整体决策值。

（4）改进的 Choquet 模糊积分决策方法。

基于上述概念，本书给出改进的 Choquet 模糊积分方法的具体步骤如下：

Step1：模糊密度和 λ 值的确定。决策者根据实际问题的性质、目的，参考指标重视度的打分尺度和重视度及 λ 值的设定原则，确定各个指标的模糊密度值 $g = \{g(x_i) | i = 1, \cdots, n\}$ 及相应的 λ 值。

Step2：将标准化后的各个指标值 f（x_i）（$i = 1, \cdots, n$）按由大到小的顺序重新排序后得到：

$$f(x_{i_1}) \geqslant \cdots \geqslant f(x_{x_j}) \cdots \geqslant f(x_{i_n}), \{i_j | j = 1, \cdots, n\}, \{i | i = 1, \cdots, n\}$$
$$(6-18)$$

Step3：利用式（6-11）求出模糊测度并进行归一化处理，得到：

$$g_\lambda(x_{i_1}), g_\lambda(\{x_{i_1}, x_{i_2}\}), g_\lambda(\{x_{i_1}, x_{i_2}, x_{i_3}\}), \ldots, g_\lambda(\{x_{i_1}, x_{i_2}, \ldots, x_{i_{n-1}}\}), 1$$
$$(6-19)$$

Step4：利用模糊积分公式求得综合分值 Y：

$$Y = f(x_{i_n}) + [f(x_{i_{n-1}}) - f(x_{i_n})]g_\lambda(\{x_{i_1}, x_{i_2}, \cdots, x_{i_{n-1}}\}) + \cdots$$
$$+ [f(x_{i_2}) - f(x_{i_3})]g_\lambda(\{x_{i_1}, x_{i_2}\}) + [f(x_{i_1}) - f(x_{i_2})]g_\lambda(x_{i_1})$$
$$(6-20)$$

其中，指标重视程度的打分尺度表和重视度及 λ 值的设定原则分别如

表 6 – 14 和表 6 – 15 所示。

表 6 – 14　　　　　　　　　　　指标重视程度的打分尺度

重视程度	分值	重视程度	分值	重视程度	分值
极不重要	0.1	稍微不重要	0.4	很重要	0.7
非常不重要	0.2	普通	0.5	非常重要	0.8
很不重要	0.3	稍微重要	0.6	极重要	0.9

表 6 – 15　　　　　　　　　　　重视度及 λ 值的设定原则

决策要求和目的	重视度	λ 值
重视某单项或多项指标表现优异的决策对象	该项提高	趋近于 – 1 的数
重视任一项或多项指标表现优异的决策对象	相等	趋近于 – 1 的数
重视决策指标表现整齐的决策对象	无约束	大于 0 的数
兼顾决策指标表现整齐与某单项或多项指标表现优异的决策对象	该项提高	小于 0 趋近于 0 的数
兼顾决策指标表现整齐与任一单项或多项指标表现优异的决策对象	相等	小于 0 趋近于 0 的数

在实际操作时，首先根据表 6 – 14，对所有的评价指标进行主观打分以确定其权重，然后根据评价目的和需要，按照表 6 – 15 设定 λ 值，再按照上述算法，给每个待评价的对象定量计算出一个综合评价分，得分高者意味着该评价对象在评价中的整体表现好。

（5）耦合度结果评价标准。

本模型试图研究农村路网与农村经济社会发展两个系统在一定的条件下通过各自的耦合要素产生相互作用、彼此影响的耦合关系，从而得出均等化状况。这种相互作用和影响的非线性关系的强弱程度可以分为不同的阶段以反映二者的协调程度。

根据耦合协调度的分值不同把耦合状况分为四类：第一类得分在 0.1 ~ 0.3 之间，判断为低水平耦合阶段；第二类得分在 0.3 ~ 0.5 之间，说明系统的耦合处于颉颃时期；第三类得分在 0.5 ~ 0.8 之间，系统进入磨合阶段，开始良性耦合；第四类得分在 0.8 ~ 1.0 之间，系统处于高水平的耦合阶段，二者相互促进，共同发展。具体评判标准如

表6－16所示。

表6－16   农村路网与农村经济社会耦合协调度的评判标准

耦合协调度 D	协调等级	评判说明
[0－0.10)	极度失调	系统处于低水平耦合阶段，二者的联系不紧密
[0.10－0.20)	严重失调	
[0.20－0.30)	中度失调	
[0.30－0.40)	轻度失调	系统的耦合处于颉颃时期
[0.40－0.50)	濒临失调	
[0.50－0.60)	勉强协调	系统进入磨合阶段，开始良性耦合
[0.60－0.70)	初级协调	
[0.70－0.80)	中级协调	
[0.80－0.90)	良好协调	系统处于高水平的耦合阶段，二者相互促进，共同发展
[0.90－1.00)	优质协调	

（6）研究评价技术路线。

结合上述评价方法，本部分给出基于经济发展的农村公路均等化评价的技术路线及具体步骤，在案例分析中，严格按照评价的技术路线及步骤对全国农村公路进行均等化评价，研究技术路线如图6－6所示。

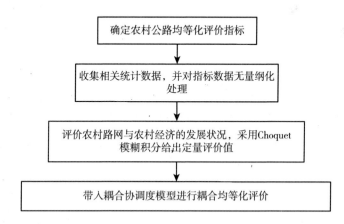

图6－6 研究技术路线

第一步，建立指标体系，收集数据。建立起农村公路现状及农村公路经济发展指标体系，收集相关原始数据。

第二步，指标计算，数据无量纲处理。计算等效里程、综合密度、连通度、铺装率、货运客运弹性系数等三级评价指标。并进行无量纲化处理。如若遇见不稳定的无量纲值，按照式（6 - 12）进行处理。

第三步，采用 Choquet 模糊积分计算定量评价值。按照表 6 - 14 和表 6 - 15 对模糊程度打分及确定 λ 值；根据式（6 - 16）计算出农村公路现状指标 $f(X) = f(x_1, x_2, \cdots, x_m)$ 及农村公路经济发展指标 $g(Y) = g(y_1, y_2, \cdots, y_n)$ 的模糊综合分值。

第四步，将模糊综合分值带入模糊度式（6 - 14）中得出耦合度分值，并按照式（6 - 15）得出最终耦合协调度分值。

第五步，根据表 6 - 16 农村路网与农村经济社会耦合协调度的评判标准，对农村公路耦合度进行均等化评价。

本部分研究农村公路均等化以适应经济发展为前提，首先建立了关于农村公路现状与农村社会经济发展现状的评价指标，其次对指标体系数据进行无量纲化处理及综合积分值的计算，最后采用耦合度评价方法提出相关耦合模型，评价农村公路发展与经济适应性下的均等化发展。

5. 实证分析

（1）数据无量纲化。

为了验证指标体系的合理性与评价方法的可行性，本书选取了全国31 个省份（港澳台地区除外）作为评价对象。统计数据来源于《中国统计年鉴》《中国交通运输统计年鉴》《中国农村统计年鉴》《中国交通年鉴》等，评价年份为 2009 ~ 2012 年。

按照农村公路均等化指标体系的内容，建立了农村公路均等化评价指标体系，对指标体系数据进行搜集、整理和无量纲化，由于 2009 ~ 2013 年各年的四套指标体系较多并且繁杂，本书列出 2013 年的指标统计数据无量纲化后的指标如下。

① 农村公路基本建设类指标（见表 6 - 17）。

表 6 - 17   **2013 年农村公路基本建设类指标无量纲化结果**

省份	等效里程	综合密度	连通度	铺装率	农村公路建设投资占 GDP 比重
北京	0.0799	0.7416	0.5438	0.9414	0.0139
天津	0.0345	0.5193	0.3806	1.0000	0
河北	0.4199	0.3415	0.2529	0.8371	0.0344
山西	0.4005	0.6559	0.3433	0.8320	0.0401
内蒙古	0.4576	0.0493	0.0863	0.3941	0.0712
辽宁	0.6020	0.4131	0.4079	0.5647	0.0054
吉林	0.1799	0.1675	0.2563	0.7222	0.0210
黑龙江	0.3935	0.1411	0.2419	0.6609	0.0208
上海	0.0926	0.9340	1.0000	1.0000	0.0373
江苏	1.0000	0.7879	0.8562	0.8841	0.0123
浙江	0.4248	0.4964	0.3654	0.9690	0.0695
安徽	0.3085	0.5677	0.7535	0.6562	0.0463
福建	0.1778	0.3683	0.3185	0.7553	0.0464
江西	0.2006	0.4419	0.4033	0.7127	0.0627
山东	0.7430	0.7395	0.4206	0.9130	0.0327
河南	0.5235	0.6046	0.5880	0.6867	0.0274
湖北	0.3916	0.8264	0.5506	0.8074	0.0958
湖南	0.1367	0.4472	0.2912	0.6102	0.0411
广东	0.8106	0.4955	0.6330	0.6509	0.0150
广西	0.1686	0.0588	0.2623	0.5946	0.0432
海南	0	0.2748	0.3239	0.9519	0.0517
重庆	0.1324	1.0000	0.9612	0.4129	0.0887
四川	0.4394	0.2912	0.2641	0.5177	0.1261
贵州	0.1174	0.5919	0.4451	0.2864	0.1581
云南	0.1446	0.2983	0.4408	0.1841	0.1609
西藏	0.0181	0	0	0	1.0000
陕西	0.2589	0.5177	0.2940	0.6350	0.0448
甘肃	0.1441	0.2592	0.2315	0.4262	0.2131
青海	0.0249	0.1069	0.0825	0.2879	0.1502
宁夏	0.0885	0.2956	0.3243	0.7335	0.1487
新疆	0.2431	0.0813	0.1101	0.4969	0.1043

② 农村公路运行与发展类指标（见表 6 – 18）。

表 6 – 18　　　　2013 年农村公路运行与发展类指标无量纲化结果

省份	旅客周转弹性系数	客运量弹性系数	货物周转弹性系数	货运量弹性系数
北京	0.1436	0.2044	0.4290	0.4567
天津	0.4023	0.5463	0.3576	0.4874
河北	0	0.1656	0.4200	0.2637
山西	0.3965	0.5174	0.4430	0.8441
内蒙古	0.1826	0.3751	0	0.0422
辽宁	0.5984	0.7668	0.3883	0.4601
吉林	0.2413	0.1981	0.4384	0.2192
黑龙江	0.2174	0.5976	0.4110	0.3670
上海	0.8554	0.8220	0.5234	0.5070
江苏	0.3330	0.3895	0.4881	0.0777
浙江	0.3208	0.3445	0.2835	0.3960
安徽	0.3384	0.4978	0.3165	0.5743
福建	0.6709	0.5408	0.3953	0.6624
江西	0.6066	0.6751	0.4132	0.5413
山东	0.1076	0.0549	0.2442	0.1866
河南	0.2285	0.4702	0.1618	0
湖北	0.3138	0.6134	0.5063	0.5117
湖南	0.6220	0.7844	0.3513	0.4034
广东	0.1804	0	0.4956	0.9585
广西	0.2570	0.4316	0.3583	0.3850
海南	0.3433	0.1144	0.2101	0.0451
重庆	0.4973	0.3346	0.3411	0.4789
四川	0.3567	0.3491	0.3440	0.4223
贵州	0.7022	0.9368	0.4578	0.7752
云南	0.5369	0.9093	0.4788	0.9372
西藏	1.0000	0.4693	1.0000	1.0000
陕西	0.4556	0.5387	0.3481	0.4802
甘肃	0.5275	0.4754	0.3208	0.6171
青海	0.4695	0.2760	0.2357	0.4585
宁夏	0.4836	0.3413	0.2201	0.4653
新疆	0.7562	1.0000	0.4201	0.6182

③ 农业生产与农村经济发展类指标（见表6－19）。

表6－19　　　2013年农业生产与农村经济发展类指标无量纲化结果

省份	农业总产值（亿元）	人均农业产值（元）	人均GDP（元）	主要农产品产量（万吨）	农用机械拥有量（台）	第一产业生产总值比重
北京	0.0341	0.3796	0.9166	0.0153	0	0.0099
天津	0.0330	0.4217	1.0000	0.0296	0.0049	0.0304
河北	0.6617	0.4122	0.2060	0.7390	0.4342	0.5021
山西	0.1530	0.1252	0.1551	0.1862	0.1159	0.2364
内蒙古	0.2982	0.8614	0.5813	0.3365	0.2611	0.3798
辽宁	0.4896	1.0000	0.5055	0.4054	0.1316	0.3402
吉林	0.2949	0.6549	0.3165	0.3506	0.2798	0.4704
黑龙江	0.5225	0.9514	0.1902	0.5633	0.3939	0.7209
上海	0.0227	0.3110	0.8759	0.0194	0.0006	0
江苏	0.6994	0.6723	0.6740	0.5774	0.2912	0.2374
浙江	0.3142	0.3710	0.5939	0.1869	0.0391	0.1771
安徽	0.4502	0.3053	0.1143	0.4378	0.6314	0.5006
福建	0.3658	0.6949	0.4556	0.1847	0.0256	0.3541
江西	0.2842	0.2391	0.1154	0.2756	0.0831	0.4613
山东	1.0000	0.5821	0.4356	1.0000	0.6701	0.3444
河南	0.8200	0.3407	0.1467	0.9565	1.0000	0.5129
湖北	0.5837	0.5873	0.2568	0.4386	0.3334	0.5102
湖南	0.5701	0.3771	0.1805	0.4662	0.1026	0.5140
广东	0.5589	0.3741	0.4645	0.4089	0.0899	0.1836
广西	0.4207	0.3744	0.1000	0.6515	0.1242	0.6697
海南	0.1179	0.8980	0.1616	0.0737	0.0224	1.0000
重庆	0.1607	0.2840	0.2592	0.1645	0.0016	0.3171
四川	0.6370	0.2983	0.1243	0.5061	0.0622	0.5309
贵州	0.1780	0.0936	0	0.1537	0.0292	0.5227
云南	0.3396	0.2310	0.0282	0.3414	0.1623	0.6642
西藏	0	0	0.0410	0	0.0491	0.4330
陕西	0.2824	0.3562	0.2578	0.2442	0.0794	0.3802
甘肃	0.1612	0.1838	0.0179	0.1719	0.1726	0.5729
青海	0.0211	0.2085	0.1772	0.0041	0.0605	0.3959
宁夏	0.0350	0.3443	0.2151	0.0553	0.0540	0.3453
新疆	0.2796	0.6136	0.1859	0.2618	0.1751	0.7236

④ 农民生活类指标（见表 6 – 20）。

表 6 – 20 　　　　　　　2013 年农民生活类指标无量纲化结果

省份	农民消费的恩格尔系数	农村居民人均收入增长率（2012 ~ 2013 年）
北京	0.1609	0.2274
天津	0.1698	0.5291
河北	0.0478	0.4710
山西	0.0922	0.4543
内蒙古	0.1993	0.5271
辽宁	0.1839	0.3812
吉林	0.0922	0.3371
黑龙江	0.1841	0.3512
上海	0.2819	0
江苏	0.0959	0.2529
浙江	0.2032	0.1135
安徽	0.3749	0.5561
福建	0.5687	0.3944
江西	0.4866	0.3853
山东	0.1564	0.4332
河南	0.1522	0.4715
湖北	0.2514	0.5267
湖南	0.3208	0.4522
广东	0.5948	0.1145
广西	0.3920	0.5468
海南	0.7336	0.4689
重庆	0.5528	0.5117
四川	0.4861	0.4967
贵州	0.5165	0.7831
云南	0.5706	0.6094
西藏	1.0000	0.9093
陕西	0.0397	0.5106
甘肃	0.2652	0.6014
青海	0	1.0000
宁夏	0.0113	0.3827
新疆	0.1272	0.7450

（2）综合积分值参数设定。

按照建立的耦合度评价模型，并运用改进的 Choquet 模糊积分方法，对上述无量纲化评价指标进行综合积分参数设定。

分别计算各省份各年的农村公路网发展综合分与农村社会经济发展综合分。依据不同指标的重要程度，采用打分法，在计算农村公路综合分时设定 λ ＝ － 0.1，权重分别为：0.8，0.8，0.8，0.8，0.6，0.6，0.6，0.6，0.7。在计算农村经济综合分时设定 λ ＝ － 0.1，权重分别为：0.7，0.8，0.8，0.7，0.8，0.7，0.7，0.6，0.6。

设定相关参数值，将上一步所得的分值代入计算，得到相对应的耦合协调度得分。考虑农村公路网与农村经济社会的从属关系，设定 α_1 ＝ 0.4，α_2 ＝ 0.6。

（3）农村公路耦合度均等化评价结果分析。

根据积分值代入耦合评价模型中，得出 2009～2013 年的耦合协调度得分，具体得分值如表 6－21 所示。

表 6 – 21　　　　　　2009～2013 年全国各省份耦合协调度得分

省份	2009 年耦合协调度	2010 年耦合协调度	2011 年耦合协调度	2012 年耦合协调度	2013 年耦合协调度
北京	0.457	0.419	0.427	0.383	0.401
天津	0.458	0.427	0.465	0.425	0.429
河北	0.511	0.525	0.538	0.504	0.467
山西	0.329	0.351	0.416	0.381	0.396
内蒙古	0.436	0.424	0.485	0.448	0.390
辽宁	0.485	0.474	0.510	0.460	0.487
吉林	0.446	0.468	0.480	0.438	0.418
黑龙江	0.465	0.453	0.507	0.458	0.475
上海	0.483	0.457	0.454	0.421	0.422
江苏	0.535	0.526	0.555	0.518	0.513
浙江	0.441	0.426	0.459	0.408	0.419

续表

省份	2009年耦合协调度	2010年耦合协调度	2011年耦合协调度	2012年耦合协调度	2013年耦合协调度
安徽	0.493	0.495	0.520	0.503	0.492
福建	0.459	0.414	0.488	0.439	0.470
江西	0.451	0.442	0.465	0.441	0.442
山东	0.582	0.530	0.573	0.532	0.529
河南	0.587	0.563	0.598	0.544	0.526
湖北	0.499	0.496	0.522	0.501	0.505
湖南	0.496	0.489	0.508	0.473	0.477
广东	0.524	0.503	0.547	0.521	0.471
广西	0.485	0.462	0.495	0.474	0.445
海南	0.508	0.484	0.520	0.457	0.453
重庆	0.452	0.489	0.476	0.435	0.439
四川	0.463	0.455	0.514	0.469	0.462
贵州	0.419	0.424	0.454	0.417	0.451
云南	0.456	0.464	0.484	0.427	0.474
西藏	0.377	0.361	0.367	0.340	0.453
陕西	0.431	0.424	0.462	0.398	0.419
甘肃	0.416	0.380	0.422	0.425	0.406
青海	0.360	0.338	0.378	0.328	0.356
宁夏	0.398	0.354	0.393	0.380	0.359
新疆	0.352	0.420	0.451	0.430	0.468

资料来源：《中国统计年鉴》（2010～2014年）、《中国交通运输统计年鉴》（2010～2013年）、《中国农村统计年鉴》（2010～2014年）、《中国固定资产投资年鉴》（2010～2014年）、《中国农业统计年鉴》（2010～2014年）、《中国交通统计年鉴》（2010～2014年）及相关行业资料。

为了能清晰地看出耦合协调情况，本书将结果以图表示，具体如图6-7所示。

根据上述计算结果和表6-21的耦合协调度的评判标准，从时间角度看，可得表6-22汇总结果。

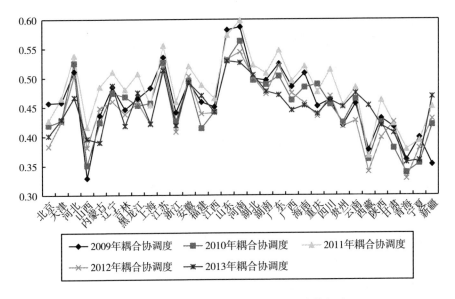

图6-7　2009～2013年全国各省份耦合协调度

表6-22　　　　　　2009～2013年各等级耦合协调度的省份数量　　　　单位：个

项目	2009年	2010年	2011年	2012年	2013年
勉强协调	6	5	12	7	4
濒临失调	20	21	16	18	23
轻度失调	5	5	3	6	4

全国范围内耦合协调的分值集中在0.3～0.5。对照表6-16耦合协调度评价标准表，表明全国的农村路网的发展仍然处于明显的不均衡阶段，不同年份的均等化情况差异明显，且均等化水平整体偏低。

从地域角度看，根据各省份这五年的耦合协调度数值，可将所有省份按照耦合度分值在2009～2013年的变动情况划分为等级稳定与等级波动两大类；按照表6-16耦合协调度标准的协调等级划分为五小类。

第一大类：等级稳定省份。即5年的耦合协调度均处在同一等级的。其中包括三小类：①位于勉强协调等级的省份，含苏、鲁、豫三省；②位于濒临失调等级的省份有九个，即津、黑、沪、浙、闽、赣、桂、渝、贵；③位于轻度失调等级的省份为青、宁两个。

第二大类：等级波动省份。含两小类：①在勉强协调与濒临失调间波动的省份有冀、辽、皖、鄂、湘、粤、琼、川共八个省；②在濒临失调与轻度失调间波动的省份有京、晋、蒙、藏、陕、甘、新共七个省份。

从以上结果不难看出，我国的农村公路发展和农村经济社会发展的协调度欠佳，尚处于颉颃阶段，还没有进入磨合（良性耦合）阶段，且农村路网的发展仍然处于明显的不均衡阶段。究其原因主要有以下几点。

一是地形、地貌等自然条件的影响。从表6-21中的耦合协调度平均值容易看出，平均分值低于或接近4的多数省份如宁夏、甘肃、青海、西藏等都位于我国地形复杂，多高山、大川、沙漠、高原的自然条件艰苦地区，且其中的多数省份地域辽阔、人民居住松散，农业生产也随之相对松散，因此地区内的农村公路网建设难度和工程量就随之大幅提高，建设成本也高。同时，这些省份大多数属于经济欠发达地区，地方政府对于农村公路建设的投入能力有限。因此，要保证农村公路网的均等化发展，就必须将这些地区作为重点支持对象，加大扶持力度。

二是现行的农村公路建养资金分配方式不利于农村公路均等化的发展。现行农村公路建设资金转移支付方式主要是在地方（县级及以下）政府自筹资金到位的情况下，上级政府（包括中央和省份）根据拟修建农村公路的里程与等级，依据一定的标准采用"凡建即补"的转移支付方式。在养护资金的分配方面，上级政府（包括中央和省份）按照里程、等级标准进行补助。这种"凡建即补"及按里程和等级分配建养资金的方式，简单易行，体现了谁投资谁受益，有利于调动地方政府修建农村公路的积极性，但是往往形成富有的地区由于修路多而得到的建养资金补助也多，而贫穷地区得到的少，产生了所谓的"马太效应"，这极不利于农村公路的均衡发展。从2009年开始，交通运输部对中西部"少边穷"地区的农村公路建设适当提高补助标准，这说明中央政府在农村公路建设中的政策已有倾斜，但相关的标准和制度还有待完善和细化。农村公路均等化建设是一个长期的、系统的过程，需要一套科学合理规范的制度来保证。

三是各地区财力不同。从耦合度得分分值可以看出，得分较高的多集中在发达的东、中部地区。在这些经济实力相对雄厚的地区，地方政府在农村公路的建设、提升改造与养护上可以有更多的投入，从而会加速当地农村公路网的发展，而农村公路网的发展又会促进当地农村经济的发展、社会的进步和农民的脱贫致富。相反，经济欠发达地区，财力有限，投入农村公路建养的资金短缺，农村公路发展落后。

本部分对均等化的判定课题提出了三种方法，这三种方法考虑的指标因素不同，前两种方法基本上属于考虑因素较少，后一种方法考虑的因素多，而且运用了数学模型。三种方法可适用于不同层次的农村公路均等化判定。如前面两种可适用于县以下区域的判定，后面一种可适用于全国（或省）的农村公路均等化判定。

第7章

基于均等化的农村公路财政
资金转移支付方式

笔者通过研究与调研，结合国家的战略方针，认为农村公路财政资金转移支付的决策依据应为农村公路均等化的发展。为此，对如何判定农村公路均等化，本书从不同角度进行了研究。本部分研究基于农村公路的均等化状况，如何分配农村公路财政资金。

在研究中，有一个很重要的假设需要提前说明。本部分研究的重点在于如何通过转移支付对农村公路建设专项资金进行分配，以实现农村公路的区域均等化发展。第 4 章研究了基于受益税的农村公路财政资金来源分析，基于课题的一致性，假设按照受益税提取了基金，本章研究如何将其进行合理分配。

本章在这方面从不同角度进行研究：一是基于财政能力的转移支付公式的建立；二是建立基于 IAHP 的农村公路财政资金转移支付分配模型。

7.1 基于财政能力的农村公路财政资金转移支付公式

7.1.1 地方财政能力的衡量

基于均等化的财政资金分配有一个重要的分配依据就是财政能力，

资金的分配要向财力弱的区域倾向，为此，首先要对各区域的财政能力进行评价。

1. 财政能力的含义

各地区政府财政能力的差异是导致不同地区公共服务水平均等化实现程度差异的主要原因。客观、科学、有效地衡量地方政府财政能力是转移支付资金分配的基础。

财政能力是指政府（各级）在所辖区域范围内凭借其代表的公共权力，为提供满足区域内公民公共需要的公共物品、促进地方公共经济发展、合理进行资源再分配等而有效筹集财政资金的能力，它是一个包含多方面能力的系统群集结构。在财政分权条件下，各地区资源禀赋的差异、收入分配的不对称及包括要素投入价格和生产能力在内的成本差异都可能导致财政差异，进而产生农村公路建设资金供给的区域不均等。

2. 现有评价财政能力的方法

（1）目前衡量地方政府财政能力的方法有很多种，最常用的主要有以下两种。

第一，代表税收体系法（RTS）。许多发达国家使用主要地方税税基和标准（或平均）税率来测量地方政府的财政能力。如果某一地方政府用税率对所有税基征税，以此取得的税收收入即为该地区财政能力。此方法不仅涉及了地方政府的实际财政收入水平，还涉及了税基构成；该方法摒弃了宏观指标那种单一的、笼统的模式，取而代之以细分的、多方位的测量模式。然而该方法在实际应用中存在一定困难，主要在于税基的选择、税基数据的收集及标准税率的选取，它要求税基的精确和数据的详细，这在很多发展中国家是无法做到的。

第二，宏观方法。在使用代表税收体系法存在困难时，可以选择宏观方法进行财政能力的测算，即用各种所得和产出的测量方法作为衡量地方政府财政能力或居民负税能力的指标，选择一些收入或产出的指标来间接地测算地方政府的财政能力。目前常用的一些指标有地区的国内生产总值（GDP）、地区居民总收入的总和、地区的零售总和、居民的要素收入、个人收入、个人可支配收入等。同时，这些指标既可以单独使用计量，也可以综合使用。目前在巴西和印度，联邦对州的收入分享项目中使用的就是宏观衡量指标。

（2）方法选取。

从中国目前的财政体系看，中央与省份间的财政体系较完善，而省以下的财政体系没有真正建立起来。因此，为了能够准确衡量省级以下地方的财政能力，从财政能力这一角度客观地分析评价农村公路建设资金转移支付的均等化水平，同时基于实际研究中数据的采集和研究方法的限定，选取宏观方法衡量地方政府财政能力。

在宏观法的常用指标中，财政收入是指政府为履行其职能、实施公共政策和提供公共物品与服务需要而筹集的一切资金的总和。它表现为政府部门在一定时期内（一般为一个财政年度）所取得的货币收入总和。财政收入是衡量一国政府财力的重要指标，政府在社会经济活动中提供公共物品和服务的范围和数量，在很大程度上取决于财政收入的充裕状况。基于本章的研究在于分析财政能力与政府提供均等化农村公路这一公共产品之间的关系，本部分将评价指标财政能力定义为一个地区的财政收入。

3. 财政能力分配系数的确定

在农村公路建设资金转移支付时，将地方财政能力作为决策依据之一的意义在于克服单纯的效益评价向优势地方倾向的缺陷，基于不同地区社会经济发展不均衡，在进行资金转移支付时能够使经济发展落后地区的农村公路建设项目优先得到支持，兼顾社会公平，解决贫困问题。在依据运输需求对各地农村公路建设资金的转移支付确定了一个基本财政分配额之后，出于公平原则，考虑各地财政收入能力不均，需要通过转移支付给予分配，使各地在财力上实现农村公路建设的区域均等化分布。所以，该部分分配主要基于各地的财政能力，而为了定量地实现这一分配倾向，本书在农村公路建设资金的转移支付公式中，通过设定地方财政能力分配系数来实现。根据前面的分析，提出地方财政能力这一评价指标，并提出相应的评价方法，以前面的分析为基础，将地方财政能力分配系数定义为对地方财政收入与该区域各地方财政能力平均值之间的差距分配，具体计算公式如下：

财政能力分配系数 = 区域内财政能力平均值/地方财政能力 - 1

$$\alpha_{Ji} = E_J / J_i - 1 \tag{7-1}$$

其中，α_{Ji}：i 地区的财政能力分配系数；

E_J：区域内各地区财政能力平均值；

J_i：i 地区的财政能力；

n：区域内地区数量，i = 1，2，3，……，n。

从式（7-1）中可以看出，如果某地的财政能力小于区域内（全国或全省内）平均水平，该地就会获得上级政府的财政补贴；如果区域内财政能力平均值/地方财政能力小于1，即该地的财政能力高于区域内平均水平，那么其所得的财政分配就为负，即应该从其基本财政分配中减去转移到其他相对贫困地区的财政分配。

7.1.2 地方农村公路的存量差异的分配系数的确定

在农村公路建设资金转移支付时，将地方农村公路的存量水平作为决策依据之一的意义在于，克服地方已有农村公路资源的差异对转移支付公平性的影响。同时，充分利用有限资源，提高农村公路转移支付资金的效率。基于不同地区农村公路建设发展不均衡，在进行资金转移支付时，通过对这些农村公路发展落后地区在财力上进行倾斜分配，能够使农村公路发展落后地区的农村公路建设项目优先得到支持，使落后地区的居民能享受到与富裕地区大致相同的农村公路服务，以体现社会公平性。所以，该部分的分配主要基于各地农村公路资源的发展情况，而为了实现这一分配倾向，在农村公路建设资金的转移支付公式中，通过设定地方农村公路的存量差异的分配系数来实现。根据前面的分析，将地方农村公路的存量差异的分配系数定义为对地方现有农村公路与地方平均水平之间的差距分配，具体的计算公式如下：

农村公路的存量差异的分配系数＝区域内农村公路综合密度平均值/某地区农村公路综合密度－1

$$\beta_{Ki} = E_D/D_i - 1 \qquad\qquad (7-2)$$

其中，β_{Ki}：i 地区农村公路的存量差异的分配系数；

E_D：区域内农村公路综合密度平均值；

D_i：i 地区的农村公路综合密度；

n：区域内地区数量，i＝1，2，3，……，n。

从式（7-2）中可以看出，如果某地的农村公路资源小于区域内的平均水平，该地就会获得上级政府的财政补贴；如果区域内农村公路综合密度平均值/某区域农村公路综合密度小于1，即该地的农村公路资源拥有水平高于区域内平均水平，那么其所得的财政分配就为负，即应该从其基本财政分配中减去转移到其他农村公路相对落后地区的财政分配。

7.1.3 农村公路建设资金转移支付公式的建立

本部分对农村公路建设资金转移支付额的确定，主要是根据地方的财政能力与现有农村公路发展情况，基于区域均等化的角度，主要遵循公平问题；当然，农村公路的修建，也不是简单的均等化，由于公路建设投资大，需占用土地，因此，要考虑运输需求，财政分配额要基于运输需求角度。在得出对当地政府的财政能力评价和农村公路发展情况的区域均等化评价后，就可合理分配当年可用的专项转移支付额。基于区域均等化的农村公路建设资金转移支付额的计算公式如下：

$$Q_i = V_i \times (1 + \alpha_{Ji} + \beta_{ki}) \qquad\qquad (7-3)$$

其中，Q_i：i 区域农村公路建设资金转移支付总额；

V_i：i 区域农村公路建设资金转移支付的基本财政分配额；

α_{Ji}：i 区域农村公路财政能力分配系数；

β_{ki}：i 区域农村公路的存量差异的分配系数；

i：为自然数 1，2，3……，n，表示不同的区域。

7.1.4　实例分析：对比现有转移支付方案与本书方案对均等化结果的影响

本部分以陕西省咸阳市为实例，对咸阳市的农村公路建设资金转移支付现状进行分析，并运用前述所提出的转移支付公式对已经发生的农村公路建设资金转移支付额进行重新分配，通过对比来验证相对于目前的转移支付，本课题提出的转移支付公式是否有助于农村公路区域均等化的实现。

1. 咸阳市农村公路的建设和发展状况[①]

咸阳市地处"八百里秦川"的腹地，是陕西省第 3 大城市，省辖市，中国著名古都之一，位于关中平原中部，渭河北岸，九嵕山之南，因山南水北俱为阳，故名咸阳。秦始皇统一全国后，咸阳成为全国政治经济交通和文化中心。下辖秦都、渭城、杨陵三区、兴平市和泾阳、永寿、乾县、礼泉、三原、武功、淳化、旬邑、彬县、长武 10 个县。

"十一五"期间以来，党中央、国务院、国家交通运输部和陕西省委、省政府、市政府把农村公路建设作为支持"三农"的重大政策措施，不断加大农村公路建设投入。"十一五"时期，咸阳市积极抢抓加快农村公路建设的历史机遇，充分调动各级各部门和广大群众的修路积极性，掀起了农村公路建设的高潮，实现了农村公路的跨越发展。2006～2010年，全市新建、改建农村公路 10489 公里（其中：改建县乡油路 66 条 1951 公里，新建通村油路、水泥路 7062 条 8538 公里），是"十五"的 13 倍，相当于新中国成立以来到 2005 年这 56 年全市农村公路建设总量的 6.5 倍。累计完成投资 36.4 亿元，是"十五"的 6 倍。农村公路总里程达到 1.35 万公里（其中通村公路 1.06 万公里），基本实现了行政村村

---

① 咸阳市"十二五"交通运输发展规划［Z］. 咸阳市交通运输局，2011.

村通油路（水泥路）的目标，被评为全省通村公路建设先进市，"群众打底子、政府铺面子"的农村公路建设模式在全省推广，市人大还专题进行了通报表彰。农村公路的快速发展，使农村地区的交通条件发生了翻天覆地的变化，全面改善了广大农村群众无路可走和有路难行的状况，有力地促进了社会主义新农村建设，有效地支持了县域经济和城乡统筹发展。

表7-1为2006~2012年咸阳市农村公路里程数，可以看出，2006~2012年，农村公路里程显著增加。

表 7 - 1   咸阳市农村公路里程数   单位：公里

项目	2012 年	2011 年	2010 年	2009 年	2008 年	2007 年	2006 年
县道	1591. 168	1591. 168	1591. 168	1591. 168	1594. 569	1594. 569	1582. 057
乡道	1827. 889	1827. 889	1827. 889	1827. 889	1842. 123	1842. 123	1860. 764
村道	10266. 407	10258. 871	10238. 106	10023. 414	7191. 930	8749. 139	6608. 724
合计	13685. 464	13677. 928	13657. 163	13442. 471	10628. 622	12185. 831	10051. 545

资料来源：咸阳市公路管理局网站调研数据。

2. 咸阳市农村公路建设资金转移支付对均等化影响分析

表7-2为咸阳市各县2010年农村公路财政分配资金与财政能力的比较。其中，上级分配额包括中央、陕西省及咸阳市对各县域农村公路的分配，数字来源于对咸阳市各县的调研。由于公路的建设周期长，投资往往跨年度，某一年的投资不具有可比性，分配额选取2006~2010年的年平均数。在表7-2中分配排名由高到低，财政能力排名由贫到富。从表7-2可以看出大多数县区表现为分配额高的同时财政能力也高，存在富裕地区得到的分配多，而贫困地区得到的分配少这一现象。

表 7 - 2　　　　　　　　　农村公路财政分配资金与财政能力的对比

地区	分配额 （万元）	财政能力评价 （万元）	上级分配 排名	财政能力 排名	均等化 作用值
三原县	7259.46	16896.00	1	7	0.17
乾县	7024.26	10587.00	2	4	0.50
彬县	7001.40	50871.00	3	11	0.13
泾阳县	6396.92	17360.00	4	8	0.25
礼泉县	6251.64	12170.00	5	5	∞
兴平县	5791.06	22008.00	6	10	0.25
武功县	5554.40	6724.00	7	3	0.25
淳化县	5325.02	4285.00	8	1	0.14
旬邑县	5114.63	15011.00	9	6	0.33
永寿县	4697.36	5738.00	10	2	0.13
长武县	4229.22	20003.00	11	9	0.50
合计	64645.37	181653.00	—	—	—

　　基于区域均等化的农村公路建设资金转移支付机制，其作用机理就在于，通过财政资金上的补贴，调节各地方政府在农村公路建设过程中的财政能力，缩短各地方政府财政资金差异。这里假定，现有的农村公路建设资金转移支付方式在实现农村公路区域均等化方向的均等化作用值，并用区域内各地所分配的农村公路建设资金转移支付额排名与其财政能力排名之间的相近度来衡量均等化作用的大小，即转移支付分配额排名与财政能力排名越接近，越有利于促进农村公路的区域均等化。具体计算式如下：

均等化作用值 =1/｜农村公路建设资金转移支付额排名 - 财政能力排名｜

　　从表 7 - 2 中可以看出，11 个县中只有礼泉县的转移支付分配额排名与其财政能力排名相匹配，转移支付的均等化作用值无限大；乾县和长武的转移支付分配额排名与其财政能力排名比较接近，转移支付作用值为 0.50；其余的 9 个县转移支付分配额排名与其财政能力排名相差很大，转移支付作用值小于 0.50。由此得出结论，咸阳市目前的农村公路财政资金转移支付与其财政能力并不相符，有失公平原则，不利于咸阳市农村公路的区域均等化发展。

3. 本书方案下的农村公路转移支付资金的分配

（1）咸阳市各县区的运输需求分析。

按运输对象的不同，运输需求可分为客运运输需求和货运运输需求。表 7-3 中的客运量是依据乡村人口及出行次数确定，农村人口数据来源于陕西省 2010 年第六次全国人口普查主要数据，出行次数取 10 次/人/年；货运量选取农作物产量大的产品（包括粮食、油料、棉花、蔬菜、水果、肉类、禽蛋及奶类）确定，数据来源于《2011 年陕西省统计年鉴》，将其化为可比的标准交通量。

表 7-3 　　　　　　　　　　咸阳各县域农村运输量统计

地区	客运量（人次）	货运量（吨）	标准的交通量（pcu）
三原县	3324000	1313034	265368
乾县	5229000	1036662	383155
彬县	2930000	550824	213694
泾阳县	4531000	2200548	375418
礼泉县	4309000	1613231	341041
兴平县	4550000	750392	328346
武功县	3286000	654720	240891
淳化县	1749000	1012015	150334
旬邑县	2528000	730748	192892
永寿县	1732000	534329	133278
长武县	1606000	355603	118920
合计	35774000	10752106	2743337

（2）财政能力分配系数的确定。

财政能力分配系数＝区域内财政能力平均值/地方财政能力 -1，具体如表 7-4 所示。

表 7－4 各市区财政能力统计

地区	财政能力（万元）	财政能力分配系数
三原县	16896.00	－0.02
乾县	10587.00	0.56
彬县	50871.00	－0.68
泾阳县	17360.00	－0.05
礼泉县	12170.00	0.36
兴平县	22008.00	－0.25
武功县	6724.00	1.46
淳化县	4285.00	2.85
旬邑县	15011.00	0.10
永寿县	5738.00	1.88
长武县	20003.00	－0.17
合计	181653.00	6.03

（3）农村公路的存量差异的分配系数的确定。

农村公路的存量差异的分配系数＝区域内农村公路综合密度平均值/地方农村公路综合密度－1，具体结果如表7－5所示。

表 7－5 各市区农村公路的存量水平差异

地区	农村公路里程（公里）	农村公路综合密度	农村公路的存量差异的分配系数
三原县	1357.798	16.03	－0.15
乾县	1265.285	12.04	－0.36
彬县	1180.273	18.18	－0.04
泾阳县	1778.361	18.37	－0.03
礼泉县	1075.221	23.03	0.22
兴平县	1097.944	19.25	0.02
武功县	718.089	15.26	－0.19
淳化县	1402.685	4.90	－0.74
旬邑县	1303.338	19.08	0.01
永寿县	715.206	14.22	－0.25
长武县	817.457	47.92	1.53
合计	12711.657	—	0.02

（4）农村公路建设资金转移支付额的确定（见表7-6）。

表7-6　　　　　　按本书方案计算的分配排名与财政能力排名比较

地区	原分配额（万元）	重新分配的分配额（万元）	重新分配的排名	财政能力排名	均等化作用值
三原县	7259.46	5152.30	9	7	0.50
乾县	7024.26	10797.33	4	4	∞
彬县	7001.4	1436.27	11	11	∞
泾阳县	6396.92	8155.58	6	8	0.50
礼泉县	6251.64	12645.97	2	5	0.33
兴平县	5791.06	5936.21	8	10	0.50
武功县	5554.4	12840.51	1	3	0.50
淳化县	5325.02	11027.54	3	1	0.50
旬邑县	5114.63	5035.34	10	6	0.25
永寿县	4697.36	8257.36	5	2	0.33
长武县	4229.22	6605.03	7	9	0.50
合计	64645.37	87889.42	—	—	—

（5）基于均等化下的两种方案的农村公路建设资金转移支付分析。

① 相关性分析。相关性分析是统计学中应用的分析两个或多个以上的不同变量之间关系的分析方法。其中，相关系数表示不同变量之间的正向或者负向的比例关系；显著度表示这种关系是否明显。

本部分首先运用SPSS软件对表7-2"上级分配排名"与"财政能力排名"进行变量相关分析，结果如表7-7所示，得到相关系数为-0.264，显著度为0.433，表明"上级分配排名"与"财政能力排名"存在着显著的负相关。说明存在富裕地区得到的补助多，而贫困地区得到的补助少这一状况。

表 7 - 7　　　"上级分配排名"与"财政能力排名"的相关性分析

类别		上级分配排名	财政能力排名
上级分配排名	Pearson 相关性	1	- 0.264
	显著性（双侧）		0.433
	N	11	11
财政能力排名	Pearson 相关性	- 0.264	1
	显著性（双侧）	0.433	
	N	11	11

其次运用 SPSS 软件对表 7 - 6"重新分配的排名"与"财政能力排名"进行变量相关分析，结果如表 7 - 8 所示，得到相关系数为 0.736，显著度为 0.010，说明"重新分配的排名"与"财政能力排名"存在着显著的正相关。也就是说，存在补助明显向贫困地区倾斜的现象。

表 7 - 8　　　"重新分配的排名"与"财政能力排名"的相关性分析

类别		重新分配的排名	财政能力排名
重新分配的排名	Pearson 相关性	1	0.736**
	显著性（双侧）		0.010
	N	11	11
财政能力排名	Pearson 相关性	0.736**	1
	显著性（双侧）	0.010	
	N	11	11

注：** 在 0.01 水平（双侧）上显著相关。

② 对比分析。对比表 7 - 2 和表 7 - 6 的均等化作用值，比较结果如表 7 - 9 所示。方案 1 指现行的农村公路财政资金转移方式，方案 2 表示本书提出的方式。样本数为 11 个，除了完全一致相近度值为 ∞，其余取值范围在 [0.1，1] 之间。

表 7 - 9　　　　　　　均等化作用值对比

方案	∞	1.0	1 ~ 0.5	0.5 ~ 0.4	0.4 ~ 0.3	0.3 ~ 0.2	0.2 ~ 0.1	合计
方案 1	1	0	2	0	1	3	4	11
方案 2	2	0	6	0	2	1	0	11

从表 7-9 可看出，在 11 个样本中，按现行补助方式计算的均等化作用值有 1 个∞，有 2 个值在 [0.5，1]，其余 8 个介于 0.1 和 0.4 之间；而按本书提出的方法计算的相近度值，2 个为∞，6 个在 [0.5，1]，2 个介于 0.3 和 0.4 之间，只有 1 个小于 0.3。说明，现行转移方式分配的财政资金，不能很好考虑各地的财政能力状况，往往形成富裕地区多分配资金，而贫困地区少分配的情况。本书提出的农村公路财政资金转移支付方式，明显兼顾了效率与公平，能很好实现均等化转移支付的目标。

7.2　农村公路财政资金转移支付分配 IAHP 模型

7.2.1　区间层次分析法（IAHP）的原理

区间层次分析法（IAHP）是在层次分析法（AHP）基础上发展而形成的一种多指标综合评价方法。它采用定性与定量相结合的方式，保证了模型的系统性与合理性，在评估专家发挥有价值的经验和判断的基础上，减少了主观因素带来的可能的不利影响。与 AHP 方法类似，IAHP 首先将复杂的决策问题分解成递进的层级结构，一般分为三层，即目标层、准则层和方案层（或指标层），其次对所有元素在某一层次下进行两两比较，逐层建立判断矩阵，求解判断矩阵的权重，最后计算各个指标的综合权重。

7.2.2　资金分配指标体系构建

由于农村公路的建设具有数量大、涉及地区广泛、一次性投入多且建成后可变性较小的特点，因此在安排建设资金分配的时候必须给予全面、充分的考量。本部分经过比较与筛选，并兼顾指标统计数据的可获得性，构建了如下的分配评价指标体系（见表 7-10）。

表7-10　　　　　　农村公路财政资金转移支付分配指标体系

目标层	准则层	指标层
农村公路建设资金转移支付分配方案 A	地方农村公路发展现状 B1	等效总里程 C11
		人口、面积综合密度 C12
		连通度 C13
		硬化路面铺装率 C14
		技术状况指数 MQI，C15
		使用性能指数 PQZ，C16
	地方农村社会经济状况 B2	乡村人口占总人口比重 C21
		农用地面积 C22
		第一产业增加值占地区生产总值比重 C23
		主要农产品产量 C24
	地方政府财政能力 B3	地方财政收入/国家财政收入 C31
		地方财政收入/地方财政支出 C32
		地方财政收入增长率 C33
		地方人均财政收入 C34

其中，目标层为顶层指标，即为上级政府构建一个以公平为主、可操作性强的农村公路财政资金转移支付分配方案。准则层为中间层，属于定性指标，底层为指标层，其中包含的指标是对准则层的细化与分解，属于定量指标。

具体而言，3个准则层及其下属的指标分别具有不同的作用。地方农村公路发展现状类指标旨在对当前已有的农村公路整体情况进行评估，反映目前各区域农村公路的存量，这是未来农村公路规划与建设的起点。在C11～C16这6个指标中，前4个指标主要用于反映地区农村公路的数量，包括长度、密度、连通度等。后2个指标用于反映农村公路的质量。地方社会经济状况类指标主要反映当地农村公路与社会经济发展的适应性，一般情况下，经济越发达，运输量和交通量越大，对农村公路的需求越多。其中C21间接地反映了当地的客运需求，C22～C24则间接反映了货运需求。由于精确的运输需求统计数据一般很难直接获取，因此用适当的指标作为替代间接反映更具有实际应用价值。地方政府财政能力类指标则主要反映各区域的财力状况。其中，C31 反映了地方财政收入在国家财政收入中所占的分量。该指标值越大，说明地方财力越大。C32 反映了地方财政的自给能力与财政收支的平衡状态。指标值 >1，表示地方财政收入大于支出，财政收支状况良好；指标值 <1，表示地方财政收入小于支出，财政收支状况不好；指标值 =1，表示地方财政收入与支出相等，财政收支持平。C33 反映本期财政收入的增长速度。C34 则用于比较不同区域间居民的人均财力状况，数值越大代表越富裕。由此可看出，选取的指标能很好衡量农村公路均等化状况，同时也兼顾了经济发展对农村公路的需求。

7.2.3 研究方法及模型

1. 构造判断矩阵

根据表 7 – 10，首先计算准则层中各属性对目标层的相对重要性，可以通过准则层每个属性对总目标 A 的重要性相互之间两两比较后获得。其次，计算指标层中相对于每个准则层某个属性的重要性，可以通过指标层中每个指标对准则层中每个准则的两两比较后获得。在进行两两比较时，多采用 9 标度法、5 标度法，5/5 或 9/1 标度法等对重要性进行打分，其中以第一种最常用。由于农村公路建设资金的转移支付分配方案通常是一个群决策问题，每个专家在进行独立比较打分时给出的分值往往不同，加之主观判断的模糊性是固有属性和信息的不完整性会引起判断的不确定性，因此，在这种模糊环境下由打分结果构造的判断矩阵中，每个分值应为一个区间数而非定值以尽量消除人为因素的影响。例如，准则层相对于目标层的区间判断矩阵就可表示为如表 7 – 11 所示。

表 7 –11　　　　　　　　　　准则层的判断矩阵

A	B1	B2	B3
B1	$[1, 1]$	$[a_{12}, b_{12}]$	$[a_{13}, b_{13}]$
B2	$[a_{21}, b_{21}]$	$[1, 1]$	$[a_{23}, b_{23}]$
B3	$[a_{31}, b_{31}]$	$[a_{32}, b_{32}]$	$[1, 1]$

本书采用最常用的 9 标度法，其具体含义如表 7 - 12 所示。

表 7 - 12　　　　　　　　　　　　1 - 9 标度的含义

标度	含义
1	两个指标（a_i，a_j）相比，具有同等重要性
3	两个指标（a_i，a_j）相比，a_i 比 a_j 稍微重要
5	两个指标（a_i，a_j）相比，a_i 比 a_j 明显重要
7	两个指标（a_i，a_j）相比，a_i 比 a_j 强烈重要
9	两个指标（a_i，a_j）相比，a_i 比 a_j 极端重要
2，4，6，8	上述相邻两个判断的中值
倒数	两个指标（a_i，a_j）相比得到判断值 t_{ij}， 则指标 a_j 与 a_i 相比的判断值就为 $1/t_{ij}$

类似地，对于准则层的每个元素也可以通过对其下一层的元素进行两两比较后获得一个区间判断矩阵。

2. 确定各指标的合成权重

在获得判断矩阵后即可进行权重的求解，常见的方法包括区间特征根法，迭代法，随机模拟法，构造互补矩阵法等。本书采用区间特征根法，具体计算步骤如下。

S1：将判断矩阵拆分成两个一般的定值方阵。根据表 7 - 11 可将其分解成矩阵 A 与 B，其中：$A = [a_{ij}]_{n \times n}$，$B = [b_{ij}]_{n \times n}$，当 $i = j$ 时有 $1 = [1,1] = [a_{ij}, b_{ij}]$，n 为判断矩阵的阶数；

S2：分别求出两个定值矩阵的最大特征根 λ_{max} 及其对应的特征向量 w^A，w^B：

$$w^A = [w_1^A, w_2^A, \cdots, w_n^A]^T$$
$$w^B = [w_1^B, w_2^B, \cdots, w_n^B]^T \tag{7-4}$$

S3：根据定值特征向量，求出区间矩阵权重 $w = [w_1, w_2, \cdots, w_n]^T$，其中：

$$w_i = \left[k w_i^A, m w_i^B \right], k = \sqrt{\sum_{j=1}^{n} \frac{1}{\sum\limits_{i=1}^{n} b_{ij}}}, \quad m = \sqrt{\sum_{j=1}^{n} \frac{1}{\sum\limits_{i=1}^{n} a_{ij}}} \quad (7-5)$$

进行一致性检验：若 $0 < k < 1 < m$，则该区间矩阵的一致性较好，即可采用，否则需要重新构造或修改判定矩阵，直至符合一致性检验。

S4：对区间矩阵权重进行模糊化处理，得到点值权重向量 $\tilde{w} = [\tilde{w}_1, \tilde{w}_2, \cdots, \tilde{w}_n]$，其中：令 $U_{w_i} = \dfrac{w_i^A + w_i^B}{2}$，$D_{w_i} = \dfrac{w_i^A - w_i^B}{2}$，则 $\tilde{w}_i = U_{w_i} + (2\theta - 1) D_{w_i}$，$\theta \in [0,1]$，$1 \leqslant i \leqslant n$。

上式中 θ 的取值由专家确定，当 $\theta = 0$ 时表示决策者持谨慎态度，当 $\theta = 0.5$ 时表示决策者持中庸态度，当 $\theta = 1$ 时说明决策者持激进态度。

S5：计算各指标层对目标层的合成权重。合成指标权重应自上而下求解，将单准则下的权重进行合成。设第 $k-1$ 层包括 n_{k-1} 个指标，其相对于总目标层的排序权重为：$w^{(k-1)} = \{ w_1^{(k-1)}, w_2^{(k-1)}, \cdots, w_{n_{k-1}}^{(k-1)} \}$，第 k 层 n_k 个指标对第 $k-1$ 层第 j 个指标为准则的排序权重向量设为：$C_j^{(k)} = (c_{1j}^{(k)}, c_{2j}^{(k)}, \cdots, c_{n_k j}^{(k)})^T$，其中不受 j 支配的指标的权重为 0。令：$C^{(k)} = (c_1^{(k)}, c_2^{(k)}, \cdots, c_{n_{k-1}}^{(k)})^T$ 表示 k 层上指标对 $k-1$ 层上各指标的排序，那么第 k 层上指标对总目标的合成排序向量 $w^{(k)}$ 可由下式计算得出：

$$w_i^{(k)} = C^{(k)} w^{(k-1)} = \sum_{j=1}^{n_{k-1}} c_{ij}^{(k)} w_j^{(k-1)},$$
$$i = 1, \cdots, m \qquad (7-6)$$

3. 确定上级政府向地方政府转移支付的资金金额

设当年上级政府预计向地方政府转移支付的农村公路建设资金总数为 F，每个地方可获得的资金数额可按以下步骤获得。

S1：对各项统计数据进行无量纲化。由于每年各地各项指标的统计数据都会发生变动，所以其中经常产生异常值即噪声干扰。因此，为了消除可能产生的异常值对剩余数据产生的影响，本书选取位置分布处理法对原始数据进行无量纲化处理，相对于常见的一些无量纲方法，如极值法，标准化法，极差法，均值化法等，该方法具有更强的稳定性，具体做法如下：

设原始数据组 x_1，$\cdots$，x_p 按升序排序后的数组为 $\{x_{(1)}, x_{(2)}, \cdots, x_{(p)}\}$ 且经过无量纲化处理后的数值为 $\tilde{x}_i$，在 $[0, 1]$ 范围内选取 q 个位置分布点 $\alpha_1, \alpha_2, \cdots, a_q (q \in Z^+)$，且有 $\alpha_1 < \alpha_2 < \alpha_3 \cdots < a_q$，分别求出分布于数据组 $\{x_{(1)}, x_{(2)}, \cdots, x_{(p)}\}$ 的 $\alpha_1 \times 100\%$，$\alpha_2 \times 100\%$，$\cdots$，$\alpha_q \times 100\%$ 分位数上的 q 个数据，记为：$\{x_{\alpha_1}, x_{\alpha_2}, \cdots, x_{\alpha_q}\}$，则此时可将原始数据划分为 q+1 个区间段，分别为 $[x_{(1)}, x_{\alpha_1}), [x_{\alpha_1}, x_{\alpha_2}), \cdots, [x_{\alpha_q}, x_{(p)}]$，设分布于 q+1 个区间段的数据集合分别为：

$$x_1 = \{x_1^{(1)}, x_2^{(1)}, \cdots, x_{k_1}^{(1)}\}$$
$$x_2 = \{x_1^{(2)}, x_2^{(2)}, \cdots, x_{k_2}^{(2)}\} \qquad (7-7)$$
$$\cdots\cdots$$
$$x_{q+1} = \{x_1^{(q+1)}, x_2^{(q+1)}, \cdots, x_{k_{q+1}}^{(q+1)}\}$$

且有 $\sum\limits_{i=1}^{q+1} k_i = p$。则对于极大型指标的计算公式为：

$$\begin{cases} \tilde{x}_i = 0 + \dfrac{x_i - x_{(1)}}{x_{\alpha_1} - x_{(1)}}(\alpha_1 - 0), & x_i \in X_1 \\[3mm] \tilde{x}_i = \alpha_1 + \dfrac{x_i - x_{\alpha_1}}{x_{\alpha_2} - x_{\alpha_1}}(\alpha_2 - \alpha_1), & x_i \in X_2 \\[3mm] \cdots\cdots\cdots \\[3mm] \tilde{x}_i = \alpha_q + \dfrac{x_i - x_{\alpha_q}}{x_{(p)} - x_{\alpha_q}}(1 - \alpha_q), & x_i \in X_{q+1} \end{cases} \qquad (7-8)$$

S2：用加权求合法计算各地可获得的转移支付资金数额：设指标层一共有 m 个指标，拟参与分配资金的地区有 z 个，则对于任一个地区 r，可获得的财政资金数额为：

$$d_r = \frac{x_r^*}{\sum\limits_{r=1}^{z} x_r^*} F \qquad (7-9)$$

其中：$x_r^* = \sum\limits_{i=1}^{m} w_i \tilde{x}_i$，$w_i$ 为第 i 个指标对目标层的合成权重。

综上所述，本部分提出的求解过程如图7－1所示。

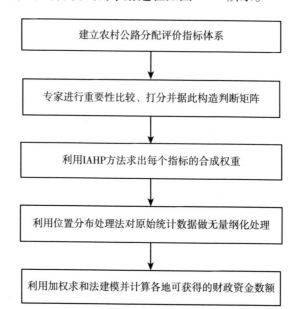

图7－1 农村公路财政资金转移支付分配方案求解思路

7.2.4 应用举例

为了验证提出的方法是否可行，以全国31个省（自治区、直辖市）为对象，以中央政府向省级政府转移支付为层面，进行了实例研究，研究年份为2013年。

针对表7－10，由几名研究农村公路方面的专家、学者参照表7－12的9标度法进行比较和打分，得到的判断矩阵如表7－13～表7－16所示。

表7－13　　　　　　　　　准则层相对于目标层的重要性判断矩阵

A	B1	B2	B3
B1	[1, 1]	[4, 6]	[3, 5]
B2	[1/6, 1/4]	[1, 1]	[1/3, 1/2]
B3	[1/5, 1/3]	[2, 3]	[1, 1]

表 7 – 14　　对地方农村公路发展现状准则，指标 C11 ~ C16 的

相对重要性判断矩阵

B1	C11	C12	C13	C14	C15	C16
C11	[1, 1]	[1, 2]	[3, 5]	[2, 4]	[4, 5]	[5, 7]
C12	[1/2, 1]	[1, 1]	[2, 4]	[1, 2]	[3, 5]	[4, 6]
C13	[1/5, 1/3]	[1/4, 1/2]	[1, 1]	[1/3, 1/2]	[2, 4]	[3, 5]
C14	[1/4, 1/2]	[1/2, 1]	[2, 3]	[1, 1]	[3, 5]	[4, 6]
C15	[1/5, 1/4]	[1/5, 1/3]	[1/4, 1/2]	[1/5, 1/3]	[1, 1]	[1, 3]
C16	[1/7, 1/5]	[1/6, 1/4]	[1/5, 1/3]	[1/6, 1/4]	[1/3, 1]	[1, 1]

表 7 – 15　　对地方农村社会经济状况准则，指标 C21 ~ C24 的

相对重要性判断矩阵

B2	C21	C22	C23	C24
C21	[1, 1]	[2, 4]	[5, 7]	[3, 6]
C22	[1/4, 1/2]	[1, 1]	[4, 7]	[3, 5]
C23	[1/7, 1/5]	[1/7, 1/4]	[1, 1]	[1/4, 1/2]
C24	[1/6, 1/3]	[1/5, 1/3]	[2, 4]	[1, 1]

表 7 – 16　　对地方政府财政能力准则，指标 C31 ~ C34 的

相对重要性判断矩阵

B3	C31	C32	C33	C34
C31	[1, 1]	[1, 3]	[4, 6]	[3, 5]
C32	[1/3, 1]	[1, 1]	[3, 6]	[2, 4]
C33	[1/6, 1/4]	[1/6, 1/3]	[1, 1]	[1/4, 1/2]
C34	[1/5, 1/3]	[1/4, 1/2]	[2, 4]	[1, 1]

将判断矩阵值代入前述算法可求得指标合成权重如表 7 – 17 所示。

表 7 – 17 指标合成权重

目标层	准则层	权重	指标层	权重
农村公路建设资金转移支付分配方案 A	地方农村公路发展现状 B1	0.6068	等效总里程 C11	0.2166
			人口、面积综合密度 C12	0.1507
			连通度 C13	0.0683
			硬化路面铺装率 C14	0.1156
			技术状况指数 MQI，C15	0.0358
			使用性能指数 PQZ，C16	0.0247
	地方农村社会经济状况 B2	0.1306	乡村人口占总人口比重 C21	0.0688
			农用地面积 C22	0.0393
			第一产业增加值占地区生产总值比重 C23	0.0081
			主要农产品产量 C24	0.0154
	地方政府财政能力 B3	0.2626	地方财政收入/国家财政收入 C31	0.1204
			地方财政收入/地方财政支出 C32	0.0759
			地方财政收入增长率 C33	0.0248
			地方人均财政收入 C34	0.0355

利用分布位置处理法对各省份的相关原始统计数据做无量纲化处理后代入式（7－9）可得各地区的中央农村公路财政资金转移支付分配比例按降序排列如表 7－18 所示。

表 7 – 18 中央农村公路财政资金转移支付分配比例 单位：%

省份	比例	省份	比例
西藏	5.70	重庆	3.19
青海	5.18	河北	2.98
甘肃	4.78	安徽	2.89
贵州	4.67	河南	2.87
广西	4.56	湖北	2.76
云南	4.33	福建	2.50
宁夏	4.22	山西	2.23
新疆	4.22	天津	2.21
湖南	4.10	辽宁	1.93
海南	3.93	北京	1.76

续表

省份	比例	省份	比例
陕西	3.92	浙江	1.75
吉林	3.77	山东	1.65
江西	3.76	上海	1.47
黑龙江	3.59	广东	1.43
四川	3.43	江苏	0.91
内蒙古	3.31		

资料来源：来源为《中国统计年鉴》（2014 年）、《中国交通运输统计年鉴》（2013 年）、《中国农村统计年鉴》（2014 年）、《中国农业统计年鉴》（2014 年）、《中国交通统计年鉴》（2014 年）及相关行业资料。

2013 年转移支付的分配比例为，中央对农村公路的投入约为 677.6 亿元（以车购税计算），若按图 7 - 2 中的比例分配，则西部地区共可得 43.64% 即 295.7 亿元投资，中部地区可获得 33.84% 即 229.3 亿元投资，东部地区可获得 22.52% 即 152.6 亿元投资。表 7 - 18 中分配比例最小的江苏可获得 6.17 亿元，分配比例最大的西藏可获得 38.62 亿元，是前者的 6 倍多。

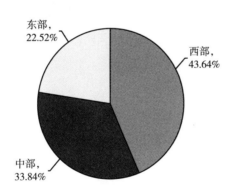

图 7 - 2　中东西部地区分配比例

资料来源：依据《中国统计年鉴》（2014 年）、《中国交通运输统计年鉴》（2013 年）计算。

显然，西部地区仍然是中央农村公路建设的重点支持地区。我国的西部地区地形地貌复杂，农村公路的建设难度大，资金需求多，整体水平落后。同时，西部省份的地方政府财力普遍比中东部地区的省份弱。以上分配方案与现实情况相符，说明了本书提出的此套分配方案是可行的。

　　本部分建立的农村公路资金分配模型是以公平为主，兼顾效率的原则下，首先构建了针对农村公路财政资金转移支付的评价指标体系，并客观、科学地评估了当前地方农村公路发展现状、地方农村社会经济状况和地方政府财政能力，利用 IAHP 方法确定了指标合成权重，其次采用了位置分布处理方法进行数据的无量纲化处理，最后基于加权求和法构建了数学模型。通过利用此方法对我国 2013 年的中央农村公路建设资金转移支付分配方案进行实例研究，证明了本书提出的方法是可行有效的。

7.3　研究的分配公式与模型的运用

　　本部分基于均等化发展，分别研究了农村公路资金分配公式及模型，是两个不同阶段的研究成果，它们都是基于农村公路均等化的建设。上级对下级的转移支付，处于不同的层次级别。建议高层次的资金分配，如中央对省，省对市的转移支付分配，可使用模型；对于低层次的，如市对县，县对乡的分配，可以采用简化的公式进行。

第8章

农村公路资金运行监管的制度设计

公路建设资金耗费量大，建设周期长，必须确保资金得到合理规范的使用。加强对资金的监督、检查，组织严密、管理科学的监督约束机制是各项投资得以有效实施的保证。本部分将重点研究如何使农村公路财政资金得到有效的事前、事中及事后的监督管理。

8.1 农村公路建设资金监管主体分析

8.1.1 资金监管相关主体

目前，中央投资农村公路建设项目的基本程序包括：立项、可行性研究、初步设计、开工建设、竣工验收、后评价六个方面。按其基本程序，划定项目建设的各方责任。在建设过程涉及农村公路资金运作的部门主要有财政部门、交通运输部门、发改委及下属机关、各级政府部门、项目法人单位及审计部门。

《交通基本建设资金监督管理办法》中指出，交通基本建设资金监督管理实行统一领导，分级负责。交通运输部主管全国交通基本建设资金监督管理；县级以上地方人民政府交通运输主管部门按照交通基本建设项目管理权限主管本行政区域内交通基本建设资金监督管理。

《农村公路建设资金使用监督管理办法》中第一章第四条规定：各级交通主管部门应建立健全建设资金使用监督管理制度，建设资金使用单位应建立健全资金使用内部控制制度和重大开支由领导集团集体研究决定制度，并自觉接受财政、审计、上级主管部门等政府部门和群众的监督。

《农村公路建设资金使用监督管理办法》中明确指出：农村公路建设资金实行分级负责、分级监督管理方式。交通部门负责指导监督全国农村公路建设资金使用管理，各省（区、市）交通主管部门负责本辖区建设资金的使用管理工作，建设单位负责按规定使用建设资金，采取一级管一级的分级负责、分级监督管理方式。

综上所述，在农村公路建设过程中，交通运输部负责全国农村公路建设的行业管理；省级人民政府交通主管部门依据职责负责本行政区域内农村公路建设的管理；社区的市和县级人民政府交通主管部门依据职责负责本行政区域内农村公路建设的组织和管理；各级地方人民政府交通主管部门应当依据职责，建立健全农村公路建设资金管理制度，加强对资金使用情况的监管。自觉接受财政、审计、上级主管部门等政府部门和群众的监督。现行农村公路资金运行及监管主体用图 8 - 1 表示。

8.1.2　存在问题分析

由图 8 - 1 可以看出，农村公路建设计划上报之后，由财政部、发改委和交通运输部联合下达各县乡镇的建设计划及补助资金额度，上级交通运输主管部门负责区域内农村公路建设监督管理，县乡政府部门作为责任主体，筹集配套资金，县乡交通运输主管部门负责监督项目法人单位，进行农村公路建设。财政部门作为农村公路建设的财政拨款部门，在农村公路项目审批之后，配套资金到位以后，拨付建设资金，同时要对资金的使用进行监督管理；发改委则侧重的是农村公路建设项目的计

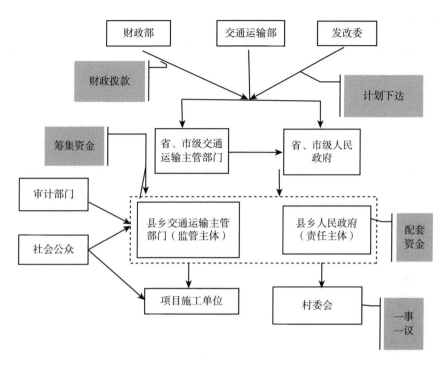

图 8 - 1　现行农村公路资金运行主体关系

划管理，包括投资计划的审核、确定及下达等，同样行使审核与监督的权利。交通运输部门作为农村公路建设资金监管的直接监管主体，在对整个农村公路建设过程中进行全过程监管，同时，与各级地方政府共同筹集农村公路建设资金。那么，这就造成了现行农村公路资金监管中审批权与监督权的合一、决策权与执行权的合一，各监管主体之间职能相互重叠，政出多门，缺乏独立性。

8.2　农村公路资金运作主体的博弈关系分析

农村公路资金运作主体的关系，错综复杂，既涉及部门间的关系，也涉及上下级的关系，下面将关系归纳为上下级关系及监管与被监管关系，对其进行博弈分析，为监管的制度设计提供依据。

财政部与国家发改委的利益出发点是农村公路的全局建设与管理，农村公路建设配套资金到位的前提下，下达资金补助额度；交通运输部则侧重于整个路网的规划与完善；而地方政府交通主管部门关注的是农村公路建设资金的筹集问题。在实践中，农村公路建设最大的问题就是资金不足。

县乡政府承担着农村公路建设的主要责任，在建设过程中需要进行资金的筹集与配套，那么，作为农村公路建设的责任主体，它希望得到尽可能多的资金补助，将配套资金降至最低，而财政部门作为资金的供给者，在配套资金到位的情况下才提供资金供给，依据博弈论理论，在此引入财政部门与农村公路责任主体即县乡政府的博弈和资金监管者与被监管者的博弈。

8.2.1 中央政府与地方政府的博弈分析

1. 模型阐述

在下列条件下，本博弈模型成立。

假设条件 8-1：中央政府和地方政府两个博弈主体都是理性经济人，追求自身效用最大化。

假设条件 8-2：中央政府的纯战略空间是提供与不提供两种元素；地方政府的纯战略空间中包括配套与不配套两种元素。其中，"提供"表示财政部门给予资金支持，"不提供"表示不管乡镇政府有没有配套资金都不给予资金支持；"配套"表示地方政府能够配套一定的资金用于农村公路建设，并要求财政部门给予资金支持，"不配套"表示地方政府没有能力完成配套资金。

假设条件 8-3：两个博弈主体进行的是完全信息的静态博弈，即两者之间的纳什均衡。

假设条件 8-4：中央政府在给予资金支持时都要求地方政府有配套资金。

假设条件8-5：W表示中央政府在提供资金供给时获得的效用，如上级政府或基层的认可，促进农村经济发展等；W_1表示地方政府在提供配套资金时获得的效用；M表示地方政府积极配套而财政部门不提供资金扶持时财政部门所承担的政府责任；F表示中央政府安排了项目地方政府不配套时上一级政府对下一级的惩罚；C表示地方政府提供配套资金所付出的成本（W、F、C>0）。

博弈过程中，博弈双方是信息共享，信息均属于共享。

博弈过程属于完全静态博弈，博弈矩阵表述如表8-1所示。

表8-1　　　　　　　　　　　　　博弈矩阵

县、乡镇政府		中央政府	
		提供	不提供
	配套	$(W_1 - C)$，W	$(W_1 - C)$，$-M$
	不配套	W_1，$(W_1 - F)$	$-F$，0

2. 博弈结果分析

（1）当 W > C > F 时，那么最优策略组合为（不配套，提供）。简单的理解就是，各级政府和中央政府都认为修建农村公路非常重要，是迫切和急需的问题，中央政府对这样的农村公路项目进行财政拨款，不管地方政府是否配套，修建农村公路获得的效益大于所需的配套资金，因此中央政府的最优策略是"提供"。地方政府对中央政府在不同策略下的效用函数也是了解的，在分析得出中央政府采取"提供"策略的情况下，采取"不配套"的策略是最优的。这种策略之下，第一，能够解决地方政府配套资金难的问题，税费改革之后，地方政府本身财政非常困难，尤其是贫困地区，采取不配套的策略，既可以减少自己的财政支出，也不必再为配套无处筹集而担忧，甚至可以将应该配套农村公路的资金用于其他方面等，这样一方面能减少为筹集配套资金而出现的资金挪用、挤占现象，另一方面也能加快贫困地区农村公路的发展。第二，由于地方政府所受到的惩罚小于配套农村公路的资金支出，那么地方政府宁愿接受惩罚，也不愿意筹集配套资金。这种情况多发生于贫困地区，没有自主配套的能力，又亟须农村公路的建设，那么，财政部门全额拨付资金是最好的解决办法。

（2）当 $W > F > C$ 时，最优策略组合为（配套，提供），由上面的分析可以看出，中央政府的最优策略仍是"提供"，但为增加农村公路供给，中央政府可以采取加大对地方政府不配套农村公路供给的惩罚力度等措施，当惩罚大于下级政府配套支出时，地方政府的最优策略就是"配套"。这种情况适用于富裕或是一般地区，有一定能力筹集配套资金，在配套资金与财政拨款的共同支持下，能够完成农村公路的修建。

（3）当 $C > W_1 + F$ 时，最优策略组合为（不配套，不提供）。地方政府认为在中央政府未提出资金扶持时，自己配套资金的成本太高，所以宁愿接受上级政府部门的惩罚，也不愿意筹集配套资金，那么纳什均衡就变成（不配套，不提供）。

（4）当 $W_1 + F < M > W$ 且 $M > F$ 时，是一个混合战略的纳什均衡，这表明在中央政府在提供农村公路资金成本不变时，中央政府提供农村公路资金的收益越大，地方政府对农村公路配套的概率越小；而地方政府所受到的惩罚越大，中央政府给予资金支持的概率也越大，同时地方政府对农村公路配套资金的概率也相应增大。

如此的博弈过程，是按照政府纵向层次向下传递，每次博弈过程中，不同层次的政府的职能不同。省级政府层面博弈中的下级政府往往是市级政府；市级政府层面博弈中的下级政府往往是县级政府。那么，此博弈模型同样适用于中央与省级政府、省市政府、市县政府之间的博弈过程。

由此博弈模型可以看出，在修建农村公路的实践中，需要结合本地实际财力来安排财政部门资金的供给。需要打破现有的配套资金体制，对无力提供配套资金的地区采取财政全额拨款，即博弈结果 8-1。对财政能力一般地区或是富裕地区，可以在配套资金到位的情况下再进行财政补贴，即博弈结果 8-2。

8.2.2　资金监管者与被监管者博弈

本博弈将参与者定为农村公路建设资金的监管主体（财政部与发改委和上级交通运输主管部门）与监管客体—资金使用部门（下级交通运输部门、县乡政府或建设项目法人单位）。监管主体的纯战略空间中包括监管与不监管两种元素；监管客体的纯战略空间中包括违规与不违规两种元素。其中，监管手段主要是通过法律法规等硬性标准；违规表现为资金的挪用与挤占，虚报、贪污、不按规定拨付资金等。

1. 模型阐述

在以下假设条件下本博弈模型成立。

假设条件 8 - 6：当资金使用部门选择"违规"时，其中，违规涉及资金数额为 M，预期收益为 W，由此产生的整个社会的预期损失为 aM；如果监管部门进行监管，那么监管部门产生的成本为 C（C > 0），对资金使用部门的罚款为 F。

假设条件 8 - 7：预期收入中含折现因子为 I，它代表着投资收益率。那么，W = I · M，其中 W 为违规使用资金的预期收益。

博弈过程中，博弈双方是信息共享，信息均属于共同知识。

博弈过程属于完全静态博弈，混合战略博弈矩阵表述如表 8 - 2 所示。

表 8 - 2　　　　　　　　　　资金监管博弈矩阵

资金监管部门	资金使用部门		
		违规	不违规
	监管	F - C - aM，W - F	- C，0
	不监管	- aM，W	0，0

将资金监管部门查处的概率用 p 表示，则不查处的概率为 1 - p；资金使用部门违规的概率用 q 表示，则不违规的概率为 1 - q。

解一，在给定资金使用部门的违规概率为 q 时，资金监管部门选择"查处"（p=1），其预期效用为：

$$E(W_1) = (F - C - aM)q + (-C)(1-q) = Fq - C - aqM$$

当资金监管部门选择"不查处"（p=0）时，其预期效用为：

$$E(W_2) = (-aM)q + 0 \cdot (1-q) = -aqM$$

令 $E(W_1) = E(W_2)$，即 $Fq - C - aqM = -aqM$，可得：

$$Fq = C, 即 q = C/F \qquad (8-1)$$

由式（8-1）可知，当 q > C/F 时，资金监管部门的最优策略为"不监管"；当 q < C/F 时，资金监管部门的最优策略为"监管"；当 q = C/F 时，资金监管部门可以选择"监管"也可以选择"不监管"。

解二，在给定资金监管部门的查处概率 p 时，资金使用部门选择"违规"（q=1），其预期效用为：

$$E(W_3) = (W - F)p + W(1-p) = W - Fp$$

当资金使用部门选择不违规时，其预期效用为：

$$E(W_4) = 0$$

令 $E(W_3) = E(W_4)$，即 $W - Fp = 0$，可得：

$$Fp = W, 即 p = W/F \qquad (8-2)$$

$$已知 W = I \cdot M, \qquad (8-3)$$

将式（8-3）带入式（8-2），得到

$$p = IM/F \qquad (8-4)$$

由式（8-4）可知，当 p > IM/F 时，资金使用部门的最优策略是"不违规"；

当 p < IM/F 时，资金使用部门的最优策略是"违规"；当 p = IM/F 时，资金使用部门可以随机选择"违规"或"不违规"。

上述博弈模型中，折现因子 I 代表投资收益率，也可以表述为资金使用部门的信用度或是其违规概率，因此，若是将 q 用 I 表示，式（8-1）q = C/F 可以表示为 I = C/F，那么将其代入式（8-4），可得：$p = CM/F^2$

$$即 CM = pF^2 \qquad (8-5)$$

2. 模型结果分析

建立此模型的目的就是如何使资金使用部门的违规金额 M 达到最小，由式（8 - 5）可知，其影响因素主要有 C、p、F。当 C 与 p 保持一定时，M 与 F 成正比。如果监管部门加大监管力度，做到无时无刻无处不在监管，即 p 无限接近于 1，那么资金使用部门将没有机会违规，显然，M 与 p 的关系不符合正常逻辑。所以，在结果分析中不考虑 p，只研究 M 和 C 与 F 的关系。

（1）M、C 的关系。假定 p 与 F 保持不变时，M 与 F 呈反比例关系，即如果想要违规使用资金额越小，那么资金监管部门的监管成本就越大，换言之，只有监管部门资金监管力度加大，资金使用部门的违规现象才会减少。

（2）M、F 的关系。假定 p 与 C 保持不变时，M 与 F 呈正比例关系，即对资金使用部门的处罚力度大小，并不能决定违规资金的大小。这种现象主要是因为资金使用部门违规使用资金带来的效益，远远超出了资金处罚的额度。

综上所述，要减少资金使用部门违规使用资金的现象，最有效的方式就是加大资金监管部门的监管力度，在源头上杜绝违规使用资金的现象。

8.3　农村公路资金运作监管分析

在农村公路建设取得辉煌成绩的同时，也涌现出很多亟须解决的问题，最为突出的就是建设资金监管方面的问题。

8.3.1　目前我国农村公路资金运作监管存在的问题分析

随着农村公路总里程的不断增加，技术等级的不断提高及投资规模的不断壮大,农村公路发展正呈现出一片欣欣向荣的景象。然而,有效的农村公路建设与运行管理机制离不开一套严格的监督制约机制。公路建设资金耗费量大,建设周期长,而资金筹集又来之不易,必须通过有效的监督机制,加强对资金的监督、检查,组织严密、管理科学的监督约束机制是各项投资得以有效实施的保证。在目前农村公路的建设和运行过程中,国家相关部门和各级政府通过制定各种建设办法和管理意见,对农村公路建设与运行管理提出规范的指导。然而,即使是在这些法规、规范的指导下,具体执行过程中却因为缺乏有力的监督管理机制而形同虚设。

1. 农村公路建设资金监管主体存在的问题

（1）农村公路建设资金监管主体不明确。

监督主体过多,各方职责没有明确的分工,造成工作效率过低。《公路建设监督管理办法》中规定:对公路建设监督管理实行由交通运输部统一领导,县级以上人民政府交通运输部门分级管理;《农村公路建设资金使用监督管理办法》中规定:建设资金实行分级负责、分级监督管理方式。交通部运输负责指导监督全国农村公路建设资金使用管理工作,各省份交通主管部门负责本辖区建设资金的使用监管工作,建设单位负责按规定使用建设资金,采取"一级管一级"的分级负责、分级监督管理方式。以上文件均规定资金监管由交通运输部门负责,但并未指出进行细化分工,指出具体监管内容及由哪一级部门具体监管。

目前,涉及农村公路基本建设投资管理部门主要有交通运输部门、国家发改委、财政部门、审计部门及地方政府部门,正是这种多头管理的现象,使得农村公路建设资金监管过程环节多,所涉及的各部门都是基于本部门利益出发,各自为政,出现各部门互推责任或是"踢皮球"的现象。

（2）监管主体间职能划分不明确。

在农村公路建设实践中,各级交通运输部门既是组织管理者又是监督管理者。在资金的筹集中,交通运输部门尤其是地方交通运输部门承担着主要责任，为了保证农村公路能够及时的修建，地方交通运输部门将动用一切可行的办法筹措配套资金；而同为资金监管主体的一员，交通运输部门又要对资金的使用负责。这样监管主体的组织与监督为同一主体，使得资金监管工作在矛盾中进行。

要达到资金监管的目的，必须明确一个资金监管机构，并且能够独立行使监管职能，不受任何一方的意志左右。但目前我国有关公路建设监管及农村公路建设监管机构恰恰缺乏独立性，在法律法规、组织结构、人员安排、管理费用等方面也都没有独立性。

2. 农村公路建设资金监管制度上存在问题

（1）法律法规滞后。

目前，农村公路法律法规一部分是参照公路建设相关法律法规，另一部分是根据现行农村公路存在的问题所制定的，用于指导农村公路建设。但随着公路行业的快速发展，相应的制度法规却没有跟上步伐。

《中华人民共和国公路法》（以下简称《公路法》）是我国公路建设的根本大法，它虽然明确指出交通主管部门、公路监管机构依法对有关公路的法律、法规执行情况进行监督检查，但却没有对交通主管部门与公路监管机构所行使监管职能进行具体划分，只是在大体框架下做了规定，这就造成了交通主管部门和公路监管机构在行使权利过程中职能的重叠与资源的浪费。

《公路建设市场监督管理办法》中虽然指出，各级交通主管部门及公路建设的市场主体在公路建设市场应行使的管理职责、公路市场准入、对市场主体的管理，却没有明确规定各市场主体具体的权利、义务与职责。

《农村公路建设管理办法》中明确指出，农村公路建设资金采用政府投资为主，农村社区为辅、社会各界共同参与的多渠道筹资机制，却没有考虑到贫困地区不具备自身筹资的条件。

《农村公路建设资金使用监督管理办法》中明确指出，对建设资金使用情况的监督由单位、审计等政府机关及上级主管单位联合检查，但并未明确指出各监督部门的监督范围，因而造成职责的不明确，监督力度不够。

《农村公路养护管理暂行办法》中明确规定，建立农村公路养护资金专款账户，由财政部门和审计部门监督，但并未指出如何对专款账户进行监管及监管力度如何。这就使得养护资金被挤占、挪用现象严重，造成养护资金的严重不足。

上述问题均反映出我国农村公路监管中存在的法律制度的空白，而监管恰恰是需要法律法规依据的，但现行法律法规没有明确指出监管机构的监管依据及法律地位问题，使监管机构并没有权威性。

随着农村公路的快速发展，现行的有关农村公路监管的法律法规已经不能满足现有的需要，要想使得农村公路建设健康、有序、快速的发展，必须要有与之配套的监管法律及规章制度出台，现行有关农村公路建设的法律法规只是在总体上为农村公路的发展指明了方向，但仍存在很多空白与不足之处。

（2）与法律法规相配套的制度不完备。"有法可依"的同时也要做到"有法必依"，其中，由于配套制度不完备表现出的具体问题如下：

一是有关监管的制度不明确，内容简化分散，监督效率低下。有关农村公路建设的监管涉及面广，包含建设前的资金管理，主要从工作人员的意识、项目规划设计管理、建立健全内部控制等；建设过程中对资金的监管，主要有预算、财务管理机构、会计基础工作、单位管理费用等；竣工阶段的资金管理。目前，对公路建设监管包括农村公路监管，其具体内容在《公路法》中没有具体规定，具体细化到不同法律部分及不同效力等级的法律规定中，没有形成体系，又没有明确规定监管机构，使得监管效能不高。

二是没有实现农村公路资金的全过程监管。由于农村公路建设实行分级管理的政策，并没有设定一个专门的部门，对农村公路建设实行全过程监管，只是一级一级地上报和定时的检查，这使当地政府交通部门作为直接监管者为了保证农村公路能如期建设，就出现了瞒报、隐报的现象。

三是责任追究未落实到位。目前，用于农村公路资金监管的主要法律依据为《农村公路建设资金使用监督管理办法》，但主管政府及项目建设单位一味地追求农村公路的建成数量与速度，却忽视了项目管理与群众利益，对上级检查中指出的问题不够重视，没有及时纠正错误和追究责任，使农村公路资金挪用现象、项目非法转分包现象、违法征地现象和拖欠农民工工资等问题屡禁不止。

8.3.2　农村公路资金监管存在问题的成因分析

1. 农村公路资金不足，监督管理体制不顺

资金问题已成为制约农村公路发展的首要因素，在很大程度打击了地方交通运输主管部门搞好农村公路规划的积极性，使农村公路尤其是贫困地区农村公路规划与建设进入恶性循环。

《公路法》中明确规定，公路的规划、监督、管理等职责均由各级交通运输主管部门负责，国家省道由省、自治区、直辖市人民政府进行监督管理，县道、乡道的规划、管理与监督等职责由县级以上地方人民政府交通主管部门负责。《农村公路建设资金使用监督管理办法》中明确指出，农村公路建设资金监督管理采取"一级管一级"的分级负责、分级监督，这使得每一级交通主管部门都可以作为监管主体行使监管权力，但是作为农村公路的责任主体县、乡政府处在最底层，拥有最少的权力，一方面要解决农村公路建设筹资问题，另一方面又要顾忌资金监管问题，尤其是西部贫困地区，在解决资金配套问题上经常会出现建设资金的挪用、挤占问题，使得基层监管问题处于矛盾之中。

2. 有关农村公路资金监管法律制度已不能满足现行监管的需要

自 2003 年交通运输部提出"修好农村路，服务城镇化，让农民走上油路和水泥路"目标以来，各地农村公路建设进入高速发展时期。2003 年底，全国县道、乡道里程达到 137.12 万公里，2015 年农村公路里程 398.06 万公里，12 年间农村公路里程增加了 65%，由此可见，农

村公路已经实现跨越式发展。①

现行有关公路建设的法律法规都是依照《公路法》制定实施的，然而《公路法》中并没有指出公路监管问题的具体内容。有关农村公路建设的法律包括《农村公路建设资金使用监督管理办法》，由交通运输部制定并于 2004 年 6 月 11 日实施。其中，规定了农村公路建设资金监督管理原则，由交通运输部负责指导监督，实行分级负责，分级管理；《农村公路建设管理办法》由交通运输部制定并于 2006 年 3 月 1 日起实施，其中第三章第二十条规定，各级地方人民政府交通主管部门应当依据职责，建立健全农村公路建设资金管理制度，加强对资金使用情况的监管。农村公路建设资金使用应当接受审计、财政和上级财务部门审计检查。任何单位、组织和个人不得截留、挤占和挪用农村公路建设资金。第二十一条规定各级人民政府和村民委员会应当将农村公路建设资金使用情况，向公路沿线乡（镇）、村定期进行公示，加强资金使用的社会监督。上述规定都只是明确了交通运输主管部门监管的主体地位，十分笼统，并没有设立具体的监督机构，也没有明确的监管依据。

综上所述，在农村公路飞速发展的形势下，现行有关农村公路建设的法律法规及规章制度已经不能解决农村公路资金监管的具体问题，需要制度的革新与变迁。

3. 有关农村公路监管的法律法规等监督机制执行力度不强

我国现行的有关公路建设及农村公路建设的相关法律法规中，基本上没有对监管者如何监管作出规定，而大部分是监管者对被监管者的规定，对监管者的监管缺乏有效的监督约束机制和措施。然而，由于公路建设监管者享有并行使较大的国家公权力，一旦产生监管与被监管者合谋等问题，将会产生腐败问题，就很难实现有效的监督，将损害国家和人民利益。因此，需要相应的法律法规及规章制度对监管者与被监管者的监管行为作出硬性规定，加大执行力度。

---

① 资料来源：《2015 年交通运输行业发展统计公报》。

8.4 农村公路建设资金运作监管制度设计

在分析了农村公路资金运作中存在问题之后，结合上述分析的制度经济学内容与博弈论内容，下面结合我国农村公路建设实际情况与资金运作现状，设计出一套符合我国国情的资金运作监管制度。

8.4.1 现行资金运作监管关系

根据上述分析，农村公路资金运作监管关系错综复杂、多头管理，监管关系没有理顺。从资金来源看，财政部门、交通运输管理部门、地方政府都负有筹集资金的责任；交通运输管理部门还负责建设项目计划的申报、项目实施中的资金分配和监督。

地方人民政府作为责任主体，负责组织实施农村公路建设项目及落实配套资金问题。地方人民政府在组织实施农村公路修建中，要接受上级政府及交通运输部门的监督，包括农村工程进度、质量及资金使用问题。县乡交通运输管理部门在具体项目确定之后，对本地区农村公路实际中的建设的质量、建设进度及资金运行情况等进行检查监督，并接受上级交通主管部门及财政部门的监督，包括工程建设进度、质量、资金问题等。国家发改委及下属部门对各地上报农村公路计划进行批复，联合财政部门与交通运输部门下达计划通知；财政部门按财政计划及地方农村公路建设资金配套情况，对农村公路实施财政监督，包括各级交通运输部门、地方政府部门及项目施工单位。其中，交通运输各部门及地方人民政府还要接受审计部门和人民群众的监督。具体如图 8 - 2 所示。

由图 8 - 2 可以看出，各监管部门之间存在相互监督的关系，上下级监督、部门之间的监督。在农村公路实际建设过程中，农村公路建设从立项到竣工，需要经过多个部门的审批；各上下级政府部门中，尤其是

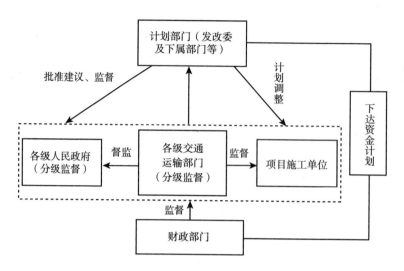

图 8 - 2　现行农村公路资金运作关系

乡镇政府之间，由于乡道、村道多存在交互的现象，那么在组织农村公路建设中，职能的交叉重叠现象经常发生，出现监管责任相互推脱现象。

8.4.2　设计规范的监管关系

根据上述监管部门监管关系存在的问题，基于项目申报—资金来源—资金使用—资金监管的链条，设计如下监管体系。各地方政府上报建设项目，交通运输部门负责项目情况进行核实规划，然后报发改委审批；财政部门根据制定的财政计划及农村公路发展规划，按要求进行资金拨付与补助计划。交通运输部门不再负责资金筹集工作，有关财政资金来源完全由财政部门下达。交通运输部门负责组织项目实施、工程质量标准的监督。审计部门负责资金使用是否合法合规合理的审计，并将审计结果报相关部门及向社会公开。同时，要加强社会监督，农村公路建设项目及资金运作要向社会公开，具体监管关系如图 8 - 3 所示。

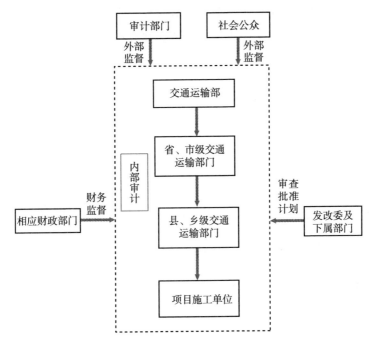

图 8 - 3 农村公路资金运作监管部门关系

8.4.3 加强监管的措施

1. 农村公路资金来源体制创新

自 1994 年我国进行分税制改革后,财政体制打破了过去由中央"统收统支"财政的局面,逐步实现了中央与地方的财政分权。这就明确规定了地方财政的责任和权力,使地方政府由过去的"吃饭财政"过渡到拥有一定自我发展能力的行政及经济实体。在地方政府财权扩大的同时,中央也将一些原属中央的经济管理权限下放给地方政府,扩大地方政府的经济管理事权。可以说在很大程度上促进了地方经济的发展,尤其是在提供地方公共产品和服务方面有了很大的自主性和效率。

地方政府部门作为农村公路的责任主体,财政能力严重不足,本书提出应该由中央财政作为农村公路建设的投资主体,负责农村公路建设方面的信息和效率优势，充分利用上级拨付资金，负责农村公路的规划和建设。在资金来源部分，课题组提出，建立基于受益税的农村公路财政基金，可从根本上解决农村公路财政资金来源不足、不规范问题。

2. 树立良好的资金使用观念

农村公路建设资金来之不易，有效运用有限的建设资金，对农村公路建设的意义重大。应该在思想观念上重视农村公路建设资金，树立"管好、用好"农村公路建设资金的良好观念，提高对农村公路建设资金的认识，从大局出发，严格遵循有关农村公路建设的法律法规。

3. 严格遵守建设专款专用的使用原则

专户存储、专款专用，严禁截留、挤占、挪用和超范围使用资金；任何单位、组织和个人都不能从中提取管理费用。政府和相关部门切实履行职责和法定义务，为农村公路建设工作无偿服务，不得变相提取相关费用，分解资金计划，杜绝向施工单位吃、拿、卡、要等现象的发生；从严惩治贪污、挪用、虚报、冒领或截留养护资金的行为，保障有限的工程建设资金的专项使用。

4. 发挥各监督部门的各自效力，形成监督合力

（1）发挥各级财政部门的监督效力。

财政监督是加强农村公路建设资金监督不可缺少的重要方面。例如，中央车购税补助资金的拨付渠道是通过财政部拨至省级财政部门，省级财政部门拨付至市、县（市、区）财政部门，在具体时间、金额、项目管理等方面如果与各级农村公路建设管理机构信息沟通不及时，就有可能存在滞留资金与项目管理脱节的现象。因此，必须加强和发挥各级财政部门对农村公路建设资金的监督管理，特别是对中央车购税补助资金的监督管理。

（2）发挥国家审计监督的权威性。

由于农村公路建设管理的特殊性，交通内部审计在对农村公路审计中存在一定的局限性，因此，在对农村公路建设资金监督方面应充分发挥国家审计的权威性和监督作用。

（3）加强各级交通运输部门的内部审计监督。

农村公路的建设虽然在制度上明确规定其建设责任主体是省（区、市）及乡（镇）人民政府，但在省份政府层面上，其项目计划、资金筹集的任务基本上还是由交通主管部门承担，因此加强各级交通部门内部审计对农村公路建设资金的审计监督，显得十分必要。各级交通部门的内部审计机构应根据农村公路建设资金的流向进行全过程跟踪，对于交通部门及下属单位直接组织实施的农村公路建设项目进行全面审计。对于建设实施主体不是交通部门的建设单位，交通内部审计可以根据下拨的农村公路建设资金的流向实施跟踪，确保补助资金全部用于农村公路建设。

5. 完善农村公路建设资金监管的相关法律法规制度

公路建设的法制化是保障公路建设市场健康发展的必要条件。目前，用于我国农村公路资金建设资金监管的主要制度法规有《交通基本建设资金监督管理办法》及《农村公路建设资金使用监督管理办法》，其中《交通基本建设资金监督管理办法》主要是针对交通基本建设资金的监督管理，其中虽然规定了有关资金监管的内容、原则等问题，但对于具体的农村公路建设并没有针对性，过于笼统。而《农村公路建设资金使用监督管理办法》颁布实施于2004年，据2014年已经有十几年，其中对资金监管的规定及约束已经不能满足现今农村公路发展的需要，那么，建立健全有关农村公路资金监管的法律法规制度势在必行。

在建立健全有关法律法规制度中，应该考虑以下几个方面的具体问题：第一，从我国国情出发。我国公路建设与发达国家相比，存在很大的差异。首先在资金的筹集方面，发达国家如美国、英国等，其用于农村公路建设的资金主要通过税收或财政拨款实现，不存在资金配套问题；其次在市场经济发达的国家，健全的公路基础建设监管制度是其发展的保障。因此要从我国国情出发，明确规定农村公路建设资金尤其是贫困地区农村公路建设资金统一由财政部门拨付，从源头上杜绝资金的挤占、挪用等问题。第二，监管主体间职能的整合。目前有关农村公路建设资金监管的大部分法律法规都是由交通运输主管部门制定的，但在监管职能的行使过程中仍受其他部门的影响，如财政、审计部门等。所以，在新的法律法规制定及旧的法律法规改革的情况下，要首先考虑监管职能的分割问题，尽量减少政出多门现象，提高监管效率。

6. 加大监管部门的执行力度

在"有法可依"的前提下，也要做到"有法必依、执法必严、违法必究"，其中，核心内容就是违法必究。那么，在我国现行的有关公路及农村公路建设的法律法规及规章制度中，责任追究体制尚未落实，执行力度不够，对个别地方政府及项目建设单位一味追求公路建设速度而忽视项目管理和群众利益的行为没有进行严惩，这也就助长了资金挪用的现象。所以，在完善的制度之下，还需要监管机构加大监管的执行力度，对违反《农村公路建设资金使用监督管理办法》行为及时有效的纠正，对于触犯规定情形的，采取暂缓资金拨付、停止资金拨付、调减年度投资计划和财务预算等措施予以纠正。

参 考 文 献

[1]《交通行业建设资金监管机制问题研究》课题组. 交通行业建设资金监管机制问题研究 [J]. 交通财会, 2009, 261 (4).

[2] 安体富, 任强. 公共服务均等化: 理论、问题与对策 [J]. 财贸经济, 2007 (8): 48-53.

[3] 贲娟. 农村公路养护资金的筹集及使用监管问题研究 [D]. 重庆: 重庆交通大学, 2012.

[4] 陈海威, 田侃. 我国基本公共服务均等化问题探讨 [J]. 中州学刊, 2007 (3): 31-34.

[5] 陈金坦, 蔡淑琴. 基于公共服务均等化的公路交通服务供给 [J]. 技术经济与管理研究, 2010 (1): 69-76.

[6] 陈静, 郭伟, 张梦霞. 我国西部地区农村公路建设融资方式研究 [J]. 交通企业管理, 2010 (5): 52-54.

[7] 陈玲, 张文棋. 国外农村公路投资建设的经验及其借鉴 [J]. 发展研究, 2011 (6): 84-87.

[8] 陈曦. 辽西 A 市农村公路资金筹集与使用问题研究 [D]. 大连: 大连理工大学, 2013.

[9] 陈亚璞. 我国政府基本公共服务均等化研究 [D]. 南京: 南京航空航天大学, 2008.

[10] 陈自强. 我国学界近十年来对基本公共服务均等化研究综述 [J]. 云南行政学院学报, 2014 (4).

[11] 程兴新, 王选仓, 詹琰. 农村公路投融资现状及对策探讨 [J]. 福建农林大学学报 (哲学社会科学版), 2009, 12 (1): 53-56.

［12］崔立波．关于加强农村基础设施建设的几点思考［J］．东北农业大学学报（社会科学版），2007，5（2）：13-15.

［13］古尚宣，蒋锦华．广西农村公路建设资金筹措与使用监管有关问题的探讨［J］．交通财会，2005（1）.

［14］谷成．基于财政均等化的政府间转移支付制度设计［J］．财贸经济，2010（6）：40-45.

［15］顾赛男，吴建明．贫困地区农村公路发展探析［J］．公路，2021，66（3）：253-257.

［16］管永昊．基本公共服务均等化：国内研究现状、评价与展望［J］．江淮论坛，2008，4：75-79.

［17］郭法霞．农村公路养护资金的筹集与使用问题研究［D］．西安：长安大学，2008.

［18］郭小聪，代凯．国内近五年基本公共服务均等化研究：综述与评估［J］．中国人民大学学报，2013（1）：145-154.

［19］国家审计署办公厅．18个省市收费公路建设运营管理情况审计调查结果［EB/OL］．2008-02-27.

［20］国家审计署办公厅．34个高等级公路项目建设管理及投资效益情况的审计结果［EB/OL］．2007-03-26.

［21］何敬敏，李艳梅．成品油价格和税费改革后普通公路建设筹融资模式初探［J］．交通财会，2010（8）：29-33.

［21］侯莉．我国农村公路建设筹资渠道现状与对策研究［D］．西安：长安大学，2008.

［22］胡宝清．模糊理论基础(第2版)［M］．武汉大学出版社，2010.

［24］胡德仁，武根启．公平与效率：财政转移支付的政策取向［J］．中国财政，2007（10）：5-8.

［25］黄江．公路建设监管法律制度研究［D］．西安：长安大学，2012.

［26］季求知，李媛媛．西部公路发展策略研究［J］．公路交通科技，2005（2）：69-73.

［27］交通运输部．李盛霖部长冯正霖副部长在全国农村公路工作电

视电话会议上的讲话 [N].《交通运输部内部情况通报》，2011（8）.

[28] 李光久，李昕. 博弈论简明教程 [M]. 镇江：江苏大学出版社，2013.

[29] 李丽，刘艳娜，徐星. 农村公路财政资金转移支付方式 [J]. 交通运输工程学报，2012，12（1）：95 – 101.

[30] 李丽，齐小翠，董菲. 建立规范的农村公路财政资金转移支付的必要性 [J]. 经济研究导刊，2013（17）：46 – 48.

[31] 李丽，齐小翠，董菲. 我国农村公路建设公式化转移支付的公平与效率考量 [J]. 地方财政研究，2013，108（10）：60 – 69.

[32] 李丽，吴群琪，张跃智. 农村道路对农业现代化发展的影响 [J]. 长安大学学报（社会科学版），2008，3（10）：22 – 26.

[33] 李丽，卢昕玮，等. 推进农村公路均等化发展 [J]. 综合运输，2015，37（5）：9 – 12.

[34] 李丽，齐小翠. 建立基于受益税的农村公路专项基金的分析 [J]. 公路，2013（8）：303 – 306.

[35] 李丽. 我国社会发展中的基本公共服务均等化研究 [D]. 太原：山西大学，2012.

[36] 林雪贞. 社会视角下的农村公路供给研究 [D]. 西安：长安大学，2010.

[37] 凌岚. 受益性税收理论与专税专用的收支实践 [J]. 税务研究，1994，（3）：19 – 23.

[38] 刘光俊，林枢昊，朱璇. 新农村建设中农村公路融资问题研究——基于公共财政视角的分析 [J]. 山东农业大学学报，2009（3）：14 – 18.

[39] 刘溶沧，焦国华. 地区间财政能力差异与转移支付制度创新 [J]. 财贸经济，2002，9（6）.

[40] 刘艳娜. 基于区域均等化的农村公路建设资金转移支付机制研究 [D]. 长安大学，2013.

[41] 刘勇，张庆. 我国农村公路建设投资主体辨析 [J]. 综合运

输，2007（5）：25-29.

[42] 卢国伟. 农村公路社会经济评价指标的设计及计量 [D]. 西安：长安大学，2012.

[43] 卢现祥，朱巧玲. 新制度经济学 [M]. 北京：北京大学出版社，2007.

[44] 卢昕玮，李丽，等. 基于改进的 Choquet 模糊积分方法的农村公路均等化评价研究 [J]. 公路，2015，60（10）：143-150.

[45] 逯亮，颜刚. 关于对非收费公路建设管理体制和投融资机制的探讨 [J]. 交通财会，2012（2）：20-25.

[46] 骆永民. 城乡基础设施均等化供给研究 [D]. 山东大学，2009.

[47] 马新辉. 农村公路供给博弈分析及对策 [J]. 综合运输，2008（5）.

[48] 马忠英. 基于新农村视角的西部农村公路发展研究 [D]. 西安：长安大学，2010.

[49] 孟添，张恒龙. 财政均等化的意义与国际经验 [J]. 山西财经大学学报，2007（21）：130-131.

[50] 庞鑫. 均等化财政转移支付制度模式研究 [D]. 北京：财政部财政科学研究所，2011.

[51] 齐小翠. 建立基于受益税的农村公路专项基金方案研究 [D]. 西安：长安大学，2014.

[52] 钱丽，等. 中国区域工业化、城镇化与农业现代化耦合协调度及其影响因素研究 [J]. 经济问题探索，2012（11）：10-17.

[53] 强伟娟. 新农村建设背景下的农村公路供给问题研究 [D]. 北京：北京交通大学，2006.

[54] 乔保雨. 农村公路建设与养护管理现状研究 [D]. 苏州：苏州大学，2007.

[55] 秦晓丽. 陕西省农村公路建设资金政策研究 [D]. 西安：长安大学，2006.

[56] 饶海琴，周琴，宋良荣. 政府投资项目中监管部门与资金使用

部门的博弈问题［J］. 财会月刊，2008，29（10）.

［57］孙金花，胡建，刘贞. 一种 λ - 模糊测度确定新准则及其应用［J］. 计算机工程与应用，2014，50（19）：249 - 251.

［58］唐瑶. 城乡基本公共服务均等化问题研究［D］. 郑州：郑州大学，2010.

［59］陶瑞. 我国基本公共服务均等化财政保障研究［D］. 合肥：安徽大学，2010.

［60］田芳. 西部农村公路建设项目资金监管探析［J］. 财经界，2010（6）.

［61］田芙蓉. 我国县乡公路建设资金筹集问题研究［D］. 长沙：长沙理工大学，2005.

［62］王波. 诸城市农村公路养护市场化运作探讨［D］. 北京：中国农业科学院，2012.

［63］王亮. 实现我国城乡基本公共服务均等化的路径选择［D］. 济南：山东经济学院，2010.

［64］王明昊，赵阳. 我国农村公路建设筹资机制的实证分析［J］. 安徽农学通报，2008（11）：21 - 22.

［65］王谦. 城乡公共服务均等化问题研究［D］. 山东大学，2008.

［66］王秋玲，徐海成. 贫困地区农村公路建设资金来源分析——基于"徐闻模式"的探讨［J］. 交通企业管理，2007（4）：24 - 25.

［67］王维. 陕西农村公路建养管理体制研究［D］. 西安：长安大学，2006.

［68］王欣. 我国农村公路建设管理体制研究［D］. 呼和浩特：内蒙古大学，2008.

［69］王正攀. 西部地区公共服务均等化的机制设计与政策选择研究［D］. 重庆大学，2011.

［70］王志伟. 公路建设阶段资金管理探析［J］. 新西部，2011（22）.

［71］卫静. 中国公路建设市场化与政府监管问题研究［D］. 西安：长安大学，2009.

[72] 吴萍. 农村公路建设资金管理的探讨 [J]. 青海交通科技，2007 (4).

[73] 吴昊. 交通运输与农业发展 [M]. 北京：经济科学出版社，2007.

[74] 吴炎. 农村公路建设发展评价、管理及保障技术研究 [D]. 长安大学，2013.

[75] 武晓娜. 推进城乡基本公共服务均等化的财政政策研究 [D]. 河北经贸大学，2013.

[76] 夏红. 闵行区基本公共卫生服务均等化实践研究 [D]. 上海：上海交通大学，2010.

[77] 夏明学，李丽，等. 中部地区农村公路对区域经济贡献度的实证分析 [J]. 经济体制改革，2015，192 (3)：76－81.

[78] 萧赓. 基于公共经济理论的我国农村公路管养问题研究 [D]. 西安：长安大学，2011.

[79] 熊艳. 公路基本建设资金监管问题研究 [D]. 西安：长安大学，2012.

[80] 杨辉，何正尧，赵年雷. 关于对中央投资农村公路资金监管的实践与思考 [J]. 交通财会，2010，276 (7).

[81] 杨赛. 农村公路转移支付机制的研究 [D]. 西安：长安大学，2011.

[82] 杨云峰. 公路密度若干问题初探 [J]. 华东公路，1995，1 (92)：46－51.

[83] 曾博. 农村公路建设项目社会经济评价指标体系及方法研究 [D]. 西安：长安大学，2009.

[84] 张芳宁. 农村公路区域均等化评价研究 [D]. 西安：长安大学，2010.

[85] 张培寅. 运用财政转移支付促进农村横向均衡发展 [J]. 农业经济，2009 (7)：65－66.

[86] 张启春. 区域基本公共服务均等化与政府间转移支付 [J]. 华中师范大学学报 (人文社会科学版)，2009 (1)：39－45.

[87] 张思远. 乡村振兴视域下农村公路建设与提升策略 [J]. 交通企业管理, 2022, 37 (1): 95 – 97.

[88] 张卫静. 我国新时期农村公共服务体制研究 [J]. 山东社会科学, 2014 (7): 182 – 187.

[89] 张玉领. 经济欠发达地区农村公路建设融资机制及对策分析 [D]. 西安: 西北大学, 2008.

[90] 赵华, 陈飞, 徐亚明. 高速公路建设项目资金监管机制内涵及演化动因 [J]. 长沙理工大学学报, 2011 (3).

[91] 赵莉, 袁振洲, 林声. 基于通达和通畅指标的农村公路网评价 [J]. 公路交通科技, 2008, 25 (2): 118 – 122.

[92] 赵强社. 城乡基本公共服务均等化制度创新研究 [D]. 西北农林科技大学, 2012.

[93] 中华人民共和国交通部. 2003 – 2013 全国农村公路统计手册 [Z]. 2014.

[94] 中华人民共和国交通部. 公路建设监督管理办法 (2006 第 6 号) [Z]. 2006.

[95] 中华人民共和国交通部. 公路建设市场管理办法 (2004 第 14 号) [Z]. 2004.

[96] 中华人民共和国交通部. 农村公路建设资金使用监督管理办法 [Z]. 2004.

[97] 中华人民共和国交通运输部. 交通基本建设资金监督管理办法 [Z]. 2009.

[98] 中华人民共和国交通运输部. 农村公路养护管理暂行办法 [Z]. 2008.

[99] 中华人民共和国交通运输部. 农村公路建设管理办法 [Z]. 2018.

[100] 周克清. 受益原则在税收制度中的应用 [J]. 税务与经济 (长春税务学院学报), 2000 (4): 18 – 20.

[101] 周文韬. 马克思主义视角下城乡公共服务均等化研究 [D].

华东大学，2014.

[102] 朱学新. 加强农村公路建设资金监督的思考 [J]. 交通财会，2008 (1).

[103] A. Athanasenas. Traffies imulation models for uralroad network management [J]. Transportation Research Part E：Logistics and Transportation Review, 1997, 33 (3).

[104] ECMT. Assessing the Benefits of Transport [M]. OECD Publications Service, 2001.

[105] Haule J. O. Financing Roads in the United Republic of Tanzania：Challenges and Strategies [J]. Transport and Communications Bulletin for Asia and Pacific, 2005, 75.

[106] Hough J. A. , Smadi A. G. , Bitzan J. D. Study outlines innovatives financing methods for county road funding [R]. Fargo：North Dakota State University, 1997.

[107] Jerome Booth. Argentina：The Case for a Permanent End to Fiscal Transfer [J]. Cambridge Review of International Affairs, 2002, 15 (3)：483 - 497.

[108] Kai-yuen Tsui. Local tax system, intergovernmental transfers and China's local fiscal disparities [J]. Journal of Comparative Economics, 2005 (33)：173 - 196.

[109] Leechae Jang, Taekyun Kim, Jongduek Jeon, Wonju Kim. On Choquet Integrals of Measurable Fuzzy Number-valued Functions [J]. Bulletin of the Korean Mathematical Society, 2004, 41 (1)：95 - 107.

[110] Martin Besfamille. Local public works and intergovernmental transfers under asymmetric information [J]. Journal of Public Economics, 2003 (88)：353 - 375.

[111] Romer. Increasing Returns and Long-Run Grouth [J]. Journal of Political Eeonomy, 2002：12 - 37.

[112] Sugeno Michino. Fuzzy Measure and Fuzzy Integral [J]. Trans-

actions of the society of Instrument and Control, 1972, 8 (2): 218 –226.

[113] ZEI Studies in European Economics and Law. Fiscal Transfer Mechanisms and Asymmetric Shocks in EMU [M]. New York: Springer New York, 2005.

[114] Zengtai Gong , Li Chen, Gang Duan. Choquet Integrals of Fuzzy-Number-valued Functions: The Differentiability of the Primitive with Respect to Fuzzy Measures and Choquet Integral Equations [J]. Abstract and Applied Analysis, 2014, 1: 1 –12.